Wissenschaftliche Beiträge aus dem Tectum Verlag

Wirtschaftswissenschaften | Band 96

Abbildungsverzeichnis

Tabellenverzeichnis

Abkürzungsverzeichnis

a. a. O.	am angegebenen Ort
ausgest.	ausgestattete
akt.	aktualisierte
BATNA	Best Alternative to a Negotiated Agreement
Bd.	Band
d.	der
Dies.	Dieselbe(n)
Diss.	Dissertation
erw.	erweiterte
H.	Heft
Hrsg.	Herausgeber
hrsg.	herausgegeben
Jg.	Jahrgang
limit.	limitierte
GFK	Gewaltfreie Kommunikation
MBTI®	Myers-Briggs Typenindikator
NEO-PI-R	Neo-Personality Inventory Revised
o. V.	ohne Verfasser
RP	Reiss Profile®
S.	Seite
T.	Teil
überarb.	überarbeitete
übers.	übersetzte
u. d. T.	unter dem Titel
Univ.	Universität
verb.	verbesserte
vollst.	vollständig
v.	von, vom
zugl.	zugelassen

Geleitwort

Konflikte können in aufsteigender Komplexität mit Macht, Recht, Interessenausgleich gelöst werden, und wenn ich *Otto C. Scharmer* (Theory U) richtig deute, auch mit resonanten Feldern. Mediation und Coaching sind Formen der Konfliktlösung mit Interessenausgleich. Interessen manifestieren sich, anders als Macht und Recht, nicht im Äußeren, sondern im Inneren. *Klaus Grawe* hat die Hypothese aufgestellt, dass jeder wirkungsvolle psychotherapeutische Prozess den fünf Schritten Aufbau der therapeutischen Allianz, Ressourcenaktivierung, Problemaktualisierung, motivationale Klärung und Lösungsfindung folgt. *Gerhard Roth* hat die Hypothese neurobiologisch bestätigt und geht davon aus, dass jeder erfolgreiche Veränderungsprozess diesem Schema folgt. Ich wende diese Schritte, ohne sie explizit gekannt zu haben, in allen meinen Konfliktlösungsverfahren seit 30 Jahren an. Die Lösung ergibt sich bei meiner Vorgehensweise durch das Verschmelzen des emotional-körperlich aktivierten Problemstates mit dem ebenso aktivierten Ressourcenstate. Damit man wirkungsvolle Ressourcen findet, ist es nötig, eine motivationale Klärung durchzuführen, und es stellt sich die Frage, was Motive sind. Für die Psychologen sind die Motive das, was uns bewusst oder unbewusst veranlasst, bestimmte Fähigkeiten zu erlernen oder uns in bestimmten Kontexten so und nicht anders zu verhalten. Motive sind also das, was mehr als Fähigkeiten sind. Ich teile die Motive entsprechend den neurologischen Ebenen von *Robert Dilts* in drei Ebenen ein: Die erste Ebene ist die Ebene der Glaubenssätze, Überzeugungen, Interessen, Werte und Bedürfnisse.

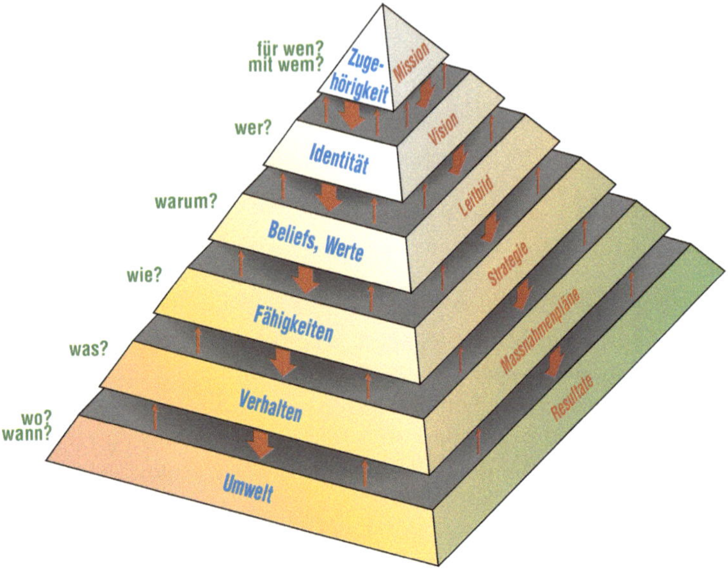

Die Neurologischen Ebenen nach Robert Dilts (Grafik: Jürgen Greiner)

Auf dieser Ebene wird die Frage beantwortet, warum ich etwas tue. Darüber liegt die Ebene der Identität und des Rollenverständnisses („*Wer bin ich, wenn ich etwas tue?*“) und die oberste Ebene der Zugehörigkeit, der Mission, der Lebensaufgabe, der Sinnstiftung und der Heimat mit der Frage: „*Für wen oder was, das größer ist als ich selbst, tue ich es?*“ Für die Mediation ist es sinnvoll, sich zuerst auf die Warum-Ebene zu beschränken, die in der Mediation als Interessenebene bezeichnet wird. Die anderen beiden Ebenen können später aktiviert werden, um den Interessenausgleich zu befestigen: „*Gibt es eine Mission oder eine Vision, der Sie beide dienen?*“

Die Motive, von denen wir hier reden, antworten auf die Frage „*Warum tue ich es?*“ und sind, wie schon gesagt, mächtiger als die Fähigkeiten aber weniger wirkmächtig als die Identität. Ob die Antwort auf die Warum-Frage als Interesse, Bedürfnis, Wert, Glaubenssatz, Überzeugung oder Motiv bezeichnet wird, ist nur von theoretischer Bedeutung. Für den Praktiker ist sie nebensächlich, so lange er weiß, wonach er fragt.

Anfang der Neunzigerjahre des letzten Jahrhunderts ist mir in meiner Arbeit als Coach aufgefallen, dass es vermutlich unendlich viele Antworten auf die Warum-Frage gibt, diese sich aber in Cluster zusammenfassen lassen, da sehr viele Menschen aus ähnlichen Motiven heraus handeln. Zuerst hatte ich sieben Cluster ausgemacht, dann waren es acht und schlussendlich neun. Neun Chunks können wir nach „The Magical Number 7 plus/minus 2“ von Miller maximal im Kurzzeitgedächtnis behalten. Interessant ist, dass ich eines meiner Kerninteressen als eines der letzten entdeckt habe. Seit 25 Jahren arbeite ich deshalb mit den Interessen Freiheit, Sicherheit, Anerkennung, Macht, Harmonie, Intensität, Integrität, Fürsorge und Neugier. Ich kann damit alle Motivschattierungen des Handelns wahrhaftig abdecken.

Nach meiner Formulierung der neun Interessen habe ich entdeckt, dass die neun Persönlichkeitstypen des Enneagramms quasi deckungsgleich sind. Ich habe die Cluster aber nicht auf der Identitätsebene angesiedelt, sondern auf der Glaubenssatzebene, da die Identität viel mächtiger ist als die Glaubenssätze und es deshalb mehr „Wums“ (seit der Coronakrise ist das Wort salonfähig, oder?) braucht, um diese zu beeinflussen. Als ich diese Korrelation zwischen meinen neun Werten und dem Enneagramm festgestellt habe, bin ich mir ein wenig vorgekommen, als hätte ich die Neue Welt zum zweiten Mal entdeckt.

Im Laufe der Zeit habe ich weiter entdeckt, dass es noch viele andere Modelle gibt, welche die Motive des Handelns und Unterlassens umschreiben. Dabei ist etwa das sehr einfache Modell zu nennen, das *Roger Fischer* in seinem Buch „Getting to Yes“ vorstellt oder das Reiss-Modell mit 16 Clustern. *Rosenbergs* „Gewaltfreie Kommunikation“ umfasst über 80 Bedürfnisse, die man problemlos in meine neun Cluster integrieren kann. Dann gibt es die von Jung inspirierten Modelle, die Big Five (OCEAN-Modell) und seit einiger Zeit das SCARF-Modell, das scheinbar wissenschaftlich validiert ist. Mein Modell, wie auch das Enneagramm, sind wissenschaftlich nicht belegt. Das Enneagramm wird aber weltweit von den Jesuiten, neben den ignatianischen Exerzitien, als ein weiteres wichtiges Tool der Persönlichkeitsschulung eingesetzt.

Nach meiner Erfahrung ist es egal, nach welchem Modell man die Interessen bezeichnet und den Interessenausgleich durchführt. Wichtig ist einzig, dass man in einer anderen Art und Weise über das Problem nachdenkt, als man es bisher getan hat, da bekanntlich die gleiche Art des Denkens, die in das Problem hineingeführt hat, nicht wieder hinausführt, wie es Albert Einstein formuliert hat.

Wichtig scheint mir dabei zu sein, dass man mindestens eines der Modelle beherrscht und durch geschicktes Fragen herausfindet, in welches Motivcluster das Verhalten der Medianden oder der Coaches einzureihen ist, sodass sie diese andere Betrachtungsebene rational und emotional-körperlich nachvollziehen können und es so ein Leichtes wird, beide Interessen zu verknüpfen, daraus Optionen zu finden und schließlich Lösungen zu generieren.

Entscheidend ist hier, dass das Finden der Interessen kein rein intellektuelles Unterfangen ist, sondern ein sinnlich-konkretes Erlebnis, das emotional und körperlich bestätigt werden kann. Die Fähigkeiten, auf Zuruf assoziieren und dissoziieren und sich problemlos im Raum in den vier Wahrnehmungspositionen bewegen zu können, sind hier von unschätzbarem Nutzen.

Es ist Elke Schax hoch anzurechnen, dass sie diese Vorgänge neurobiologisch verortet und nach dem neuesten Stand der Wissenschaft eingereiht hat. Sehr lobenswert finde ich auch, dass sie die verschiedenen Interessenmodelle einzeln beleuchtet, erklärt und sie einander gegenübergestellt. Somit wird etwas Licht ins Dunkel der Welt der Interessen gebracht, von der leider noch zu viele Ausbildner von Mediatoren und Coaches nur eine rudimentäre oder gar keine Ahnung haben.

Ich kann das Buch von Elke Schax deshalb jedem Ausbildner, Mediator oder Coach, der wissen möchte, was er eigentlich tut, wenn er erfolgreich ist (oder nicht), wärmstens zur Lektüre empfehlen.

Altfrye Republik Gersau,
4. November 2020

RA Adrian Schweizer

A. Einleitung

Konflikte sind eine normale Begleiterscheinung im Alltag von Menschen. Unterschiedliche Überzeugungen, Bedürfnisse oder Interessen[1] kollidieren im Zusammenwirken und beinhalten Konfliktpotenzial.[2] In Unternehmen sind Meinungsverschiedenheiten zwischen Führungskräften und Mitarbeitern[3] sowie Differenzen auf gleicher Hierarchiestufe ein alltägliches Phänomen. Sie sind die Folge einer arbeitsteiligen Welt, in der es auf divergierende Fähigkeiten, Arbeitsstile, Berufs- und Lebenserfahrungen sowie Denkweisen ankommt,[4] um zukunftsfähig zu bleiben.

Das Problem von Konflikten ist nicht deren Existenz, sondern der [*unprofessionelle* – E. S.] Umgang damit.[5] Vorgesetzte fühlen sich oftmals durch Konflikte beeinträchtigt. Deshalb werden abweichende Meinungen nicht zugelassen; Mitarbeitern wird verwehrt, ihre Persönlichkeit zu entfalten.[6] Bis heute ist für Führungskräfte und Mitarbeiter ein Bild der Betriebswirtschaft prägend: Konflikte sind eine Gefahr für die Unterneh-

---

1 Zur Semantik von Bedürfnissen und Interessen siehe Kapitel E. III. 1.

2 Vgl. Doppler, Systemisches Konfliktmanagement: Modelle und Methoden für Berater, Mediatoren und Führungskräfte, hrsg. v. Faller/Fechler/Kerntke, Stuttgart 2014, S. XI.

3 Um die Lesbarkeit der vorgelegten Arbeit zu erleichtern, wird die in der Literatur übliche maskuline Sprachform verwendet. Die männliche Schreibweise wird als geschlechtsneutral verstanden und soll nicht diskriminierend wirken. Sie beinhaltet gleichermaßen das weibliche und das neutrale Geschlecht.

4 Vgl. Ballreich/Glasl, Konfliktmanagement und Mediation in Organisationen. Ein Lehr- und Übungsbuch mit Filmbeispielen auf DVD, Stuttgart 2011, S. 13.

5 Vgl. Faller/Faller, Innerbetriebliche Wirtschaftsmediation. Strategien und Methoden für eine bessere Kommunikation. Praxishandbuch, Frankfurt am Main 2014, S. 13.

6 Vgl. Schwarz, Konfliktmanagement. Konflikte erkennen, analysieren, lösen, 9. Aufl., Wiesbaden 2014, S. 18.

men. Erklärte Aufgabe von Führungskräften ist es, die Harmonie in der Gruppe zu bewahren und Machtkämpfe oder Interessenskonflikte zwischen Arbeitgebern und Arbeitnehmern zu lösen. Im Zweifel haben Vorgesetzte – auf Basis der Fakten – unpopuläre Entscheidungen zu Lasten einer Partei zu treffen oder einen Kompromiss herbeizuführen.[7] Dabei bleibt unberücksichtigt, dass ungelöste oder latente Konflikte eines gemeinsam haben: Sie beinhalten eine Eskalationsdynamik.[8]

Auf der anderen Seite können Konflikte eine positive Wirkung entfalten. Sie stoßen Veränderungen an,[9] ermöglichen Innovationen, Kreativität, neue Ideen[10] und unterstützen Führungskräfte bei der Entscheidungsfindung. Ebenso heben Konflikte – so paradox es klingen mag – Gemeinsamkeiten hervor, stärken das Wir-Gefühl und bewahren das Bestehende, in dem von Normen abweichendes Verhalten anderer als „böse" deklariert wird.[11] Mit anderen Worten: Die Heterogenität der Menschen und das damit verbundene Konfliktpotenzial sind von unschätzbarem Wert für Unternehmen.

Auch aus neurobiologischer Sicht sind Konflikte wertvoll. Das Gehirn steuert unser Verhalten und ist Sitz der menschlichen Persönlichkeit.[12] Hier werden Erinnerungen, Wissen, Emotionen und Fähigkeiten gespei-

---

7 Vgl. Proksch, Konfliktmanagement im Unternehmen. Mediation und andere Methoden für Konflikt- und Kooperationsmanagement am Arbeitsplatz, 2., überarb. u. erw. Aufl., Berlin, Heidelberg 2014, S. 14–16.

8 *Glasl* bezeichnet unter Einbezug der fünf Eskalationsstufen nach *Pondy* einen Konflikt als *latent*, wenn Umstände vorliegen, die von den Parteien noch nicht wahrgenommen werden. Im Laufe der Zeit können sich diese Faktoren zu einem offenen Konflikt entwickeln. Latente Konflikte sind nicht mit *kalten* Konflikten zu verwechseln. Vgl. Glasl, Konfliktmanagement. Ein Handbuch für Führungskräfte, Beraterinnen und Berater, 11., akt. Aufl., Stuttgart 2013, S. 201. Zur Erläuterung kalter Konflikte vgl. ebd., S. 84.

9 Vgl. Berkel, Konflikttraining. Konflikte verstehen, analysieren, bewältigen, 12., überarb. u. erw. Aufl., Hamburg 2014, S. 13 f.

10 Vgl. Duve/Eidenmüller/Hacke, Mediation in der Wirtschaft. Wege zum professionellen Konfliktmanagement, 2., neu bearb. Aufl., Köln 2011, S.11.

11 Vgl. Schwarz, Konfliktmanagement, a. a. O., S. 20–26.

12 *Persönlichkeit* beschreibt ein kontinuierliches Verhaltensmuster. Temperament, Gefühle, die Art wie der Mensch sich bewegt, wie er handelt, kommuniziert und denkt, sind Ausdruck der Persönlichkeit. Vgl. Roth, Persönlichkeit, Entscheidung und Verhalten. Warum es so schwierig ist, sich und andere zu ändern, 6. Aufl., Stuttgart 2011, S. 15. Siehe ausführlich dazu Kapitel C.

chert.[13] Es ist nicht darauf optimiert zu denken oder Gedanken auszutauschen, sondern Probleme eigenständig zu lösen. Herausforderungen, die das emotionale Gleichgewicht stören und nicht zu bedrohlich sind,[14] lösen neuronale Prozesse aus, die in neue Fähigkeiten und neues Wissen münden.[15]

Mediation[16] als strukturiertes und freiwilliges Verfahren, unter Beteiligung eines neutralen Dritten ohne Entscheidungskompetenz, bietet Unternehmen die Möglichkeit, innerbetriebliche Auseinandersetzungen professionell zu lösen.[17] Sie beinhaltet die Chance zur nachhaltigen Befriedung der streitenden Parteien, da Konfliktlösungen auf der Interessenebene gesucht werden.[18] Dies gilt für Konflikte, die noch nicht so hocheskaliert sind, dass es den Parteien ausschließlich um die gegenseitige Vernichtung – auch unter Inkaufnahme des eigenen Verderbens – geht.[19] Gleichwohl ist Mediation kein genereller Ersatz für andere Formen der Konfliktbearbeitung, sondern eine Ergänzung. Sie ist sinnvoll, wenn Menschen weiterhin miteinander arbeiten oder leben müssen und

---

13 Vgl. Begley, Neue Gedanken – neues Gehirn. Die Wissenschaft der Neuroplastizität beweist, wie unser Bewusstsein das Gehirn verändert, 2. Aufl., München 2007, S. 6.

14 Siehe auch Kapitel E. IV. 3. b).: Neurobiologische Einwertung.

15 Vgl. Hüther, Was wir sind und was wir sein könnten. Ein neurobiologischer Mutmacher, 6. Aufl., Frankfurt am Main 2011, S. 68 f.

16 Ausführlich zur Definition und zum Ablauf der Mediation vgl. Kapitel D. und E.

17 Vgl. Gläßer/Kirchhoff/Wendenburg, Konfliktmanagement in der Wirtschaft: Bestandsaufnahme und Entwicklungen, in: Konfliktmanagement in der Wirtschaft, hrsg. v. Dens., Baden-Baden 2014, S. 16 f.

18 Vgl. Ponschab/Flechsig/Schweizer, Mediation und Litigation, hrsg. v. d. Fern-Universität in Hagen, Kursnummer 71051/2 [Stand 2011], S. 35.

19 *Glasl* beschreibt neun Stufen der Konflikteskalation, siehe dazu Anhang I auf S. 113. Der Wirkungsbereich der Mediation wird für die Stufen drei bis sieben angegeben, wenngleich bereits ab der siebten Stufe begrenzte Vernichtungsschläge ausgeübt werden. Die Parteien sehen in ihrem Gegenüber nicht mehr den Menschen, sondern ein gefühlloses Objekt. Die achte Stufe beinhaltet die Zerstörung des Gegners. Die neunte Stufe impliziert den gemeinsamen Untergang. Vgl. ausführlich die Beschreibung der Konfliktstufen in: Glasl, Konfliktmanagement, a. a. O., 2013, S. 235–311.

an einer guten *Beziehung* interessiert sind,[20] da sie die Lösung von Konflikten auf der Beziehungsebene fokussiert.[21]

I. Zielsetzung

Die vorgelegte Untersuchung verfolgt das Ziel Mediation im betrieblichen Kontext als *ein* – wenn nicht als *das* – Lösungsmodell bei Beziehungskonflikten[22] vorzustellen. Neben den Eckpfeilern der Mediation werden der Ablauf und ausgewählte Techniken[23] detailliert beschrieben.

Ein Lächeln kann stärker entwaffnen als Gewalt.[24] Diese Erkenntnis entspringt den Forschungen der Neurobiologie. Ansinnen der Verfasserin ist es, neurobiologische Ergebnisse wie beispielsweise Resonanzphänomene[25] zwischen Menschen oder die Auswirkungen von Konflikten im Gehirn,[26] stärker in den Fokus der Mediation zu rücken.

Eine weitere Zielsetzung der vorgelegten Arbeit liegt in der Beantwortung der Frage, ob das Reiss Profile®[27] ein hilfreiches Instrument in der Mediation sein kann.

---

20 Vgl. Besemer, Mediation – Die Kunst der Vermittlung in Konflikten, hrsg. v. der Werkstatt für Gewaltfreie Aktion, Baden, Karlsruhe, 3. Aufl. 2013, S. 23. Ausführlich zu Konfliktlösungen durch Macht, Recht im Vergleich zur Mediation und dessen Vorzüge, vgl. Breidenbach, Mediation. Struktur, Chancen und Risiken von Vermittlung im Konflikt, Köln 1995, S. 66–83.

21 Siehe dazu die Konfliktstufen nach *Glasl*, Anhang I auf S. 113.

22 Zur Definition von Beziehungskonflikten vgl. Kapitel B. II. 2.

23 Die Beschreibung der Techniken wurde thematisch ausgewählt und stark eingegrenzt. Die Vielzahl, der in der Literatur vorgestellten methodischen Hilfsmittel, geht über den Rahmen der Publikation deutlich hinaus. Einen guten Überblick geben beispielsweise Diez, Werkstattbuch Mediation (Technische Bausteine, S. 158–209.), Köln 2005 und Besemer, Mediation, a. a. O., (Handwerkszeug, S. 197–229).

24 Vgl. Bauer, Warum ich fühle, was du fühlst. Intuitive Kommunikation und das Geheimnis der Spiegelneurone, 16. Aufl., Hamburg 2006, S. 7 f.

25 Siehe dazu die Erläuterungen in Kapitel E. III. 6.

26 Vgl. Abbildung 1 auf S. 26.

27 Vgl. Kapitel E. III. 6.

II. Forschungsleitende Hypothesen

Analog zur Empfehlung von *Diez* in der Mediation mit Hypothesen zu arbeiten, um systemisch zu Denken und zu Handeln,[28] werden in der vorliegenden Arbeit Hypothesen gebildet und untersucht. Zur Operationalisierung der Annahmen werden forschungsleitende Fragen abgeleitet.

Hypothese 1: Konflikte auf der Beziehungsebene entstehen, weil Menschen in Unternehmen zusammenarbeiten (müssen), die keine oder wenig gemeinsame persönlichen Interessen verfolgen. Ihr Handeln wird von divergierenden Bedürfnissen angetrieben.

Forschungsleitende Fragen aus Hypothese 1:

- Wie sind nachhaltige Konfliktlösungen auf der Interessenebene möglich?
- Welche Methoden sind geeignet, die wahren Bedürfnisse der Medianden zu erkennen?

Hypothese 2: Nicht alle Konflikte auf der Beziehungsebene lassen sich in einer Mediation lösen.

Forschungsleitende Frage aus Hypothese 2:

- Welche Faktoren konterkarieren eine interessenbasierte Lösung?

III. Aufbau der Arbeit

Im Einzelnen stellt sich der Aufbau der Arbeit wie folgt dar:

Kapitel B „Konflikte in der Arbeitswelt“ geht zunächst auf die zugrundeliegende Definition von Konflikten ein, um anschließend eine Trennung zwischen Konfliktarten vorzunehmen. Die Differenzierung nach Konfliktarten bildet eine erste Basis für das Verständnis von Konfliktlösungen auf Interessenebene. Der Schwerpunkt des Kapitels liegt auf den

28 Vgl. Diez, Werkstattbuch Mediation, a. a. O., S. 91.

Auswirkungen von Auseinandersetzungen in Unternehmen. Das Kapitel schließt mit der Skizzierung der Reaktionskette auf Konflikte im Gehirn ab.

Kapitel C „Der Einblick in das Gehirn" veranschaulicht die Grundfunktionen und den Aufbau des Gehirns. Im Zentrum des Kapitels steht die Beschreibung des limbischen Systems.

Kapitel D „Die Eckpfeiler der Mediation" stellt die (im Mediationsgesetz[29] beschriebenen) Grundsätze der Eigenverantwortlichkeit, Freiwilligkeit, Informationsgleichheit und Vertraulichkeit dar. Auf den Grundsatz der Allparteilichkeit wird ein besonderes Augenmerk gerichtet.

Kapitel E „Der Ablauf" skizziert wie ein Mediationsprozess durchgeführt werden kann. Der Schwerpunkt des Abschnitts, aber auch der vorliegenden Arbeit, liegt auf der Analysephase. Sie gilt als das *Herzstück* der Mediation, um die Tiefenstruktur des Konfliktes zu erfassen und die Bedürfnisse[30] der Medianden herauszuarbeiten.[31] Dazu ist es notwendig zuerst die semantische Bedeutung der Begriffe Bedürfnis, Motive und Interessen darzulegen. Weil nachhaltige Konfliktlösungen nur auf der Interessenebene generiert werden können[32] und eine Trennung zwischen Positionen und Interessen implizieren, sind diesem Aspekt ausführliche Beschreibungen gewidmet, die neurobiologische Schlussfolgerungen zulassen. Im weiteren Verlauf des Kapitels werden die neun Interessen nach *Schweizer*, die aus seiner praktischen Erfahrung Konflikte treiben, vorgestellt und mit den Erkenntnissen aus dem Konzept der 16 Lebensmotive nach *Reiss* verglichen.

Sowohl in der Analyse als auch in der Lösungsphase werden Techniken[33] vorgestellt, die im jeweiligen Schritt hilfreich und praktikabel erscheinen. Vereinzelt werden die Methoden oder Fragetechniken an einem fiktiven Konflikt verdeutlicht, der als Streitthema die Zusammenarbeit von zwei Kollegen (gleiche Hierarchie) beinhaltet.[34] Das Kapitel

29 Das Gesetz ist dem Anhang II auf S. 114 zu entnehmen.

30 Siehe FN 1 auf S. 1.

31 Vgl. Kals/Ittner, Wirtschaftsmediation, in: Praxis der Personalpsychologie, Human Resource Management kompakt, Bd. 17, Göttingen et al., 2008, S. 60.

32 Vgl. Ponschab/Flechsig/Schweizer, Mediation und Litigation, a. a. O., S. 35.

33 Es wird keine semantische Trennung zwischen Methoden, Techniken oder Handwerkszeug (vgl. Diez und Besemer, FN 23 auf S. 8) vorgenommen.

34 Dies gilt für die Aussagen zur Tilgung (vgl. Tabelle 2: Sprachlicher Abbildungsprozess und beispielhaftes Nachfragen auf S. 57), für die Darstellung der Gewalt-

blickt zudem immer wieder auf neurobiologische Erkenntnisse.[35] Bevor in Abschnitt V die Abschlussphase erläutert wird, schließt die Lösungssuche mit dem Graves-Value Modell ab.

Kapitel F „Untersuchungsergebnisse und Handlungsempfehlungen“ gibt Antworten auf die forschungsleitenden Fragen, um anschließend die Hypothesen zu bewerten. Daneben wird Stellung zu der Frage, ob das Reiss Profile® hilfreich in der Mediation sein kann, bezogen. Die Untersuchung schließt mit einer Handlungsempfehlung für Wissenschaft und Praxis ab.

freien Kommunikation (vgl. Abbildung 4: Die vier Schritte im Prozess der GFK), für die Fragetechniken (vgl. Kapitel E. IV. b). u. c). und für die Bewertung von Lösungen aus Sicht der vier Perspektiven (Kapitel E. IV. 3. a).

35 Ausführlich in Kapitel E. III. 4.: Die Wirklichkeit der Medianden, Kapitel E. III. 6. c).: Die Eigen- und Fremdwahrnehmung und Kapitel E. IV. 3. b).: Neurobiologische Einwertung.

B. Konflikte in der Arbeitswelt

Hoher Arbeitsdruck, nicht geklärte Rollen oder Schnittstellen, Missverständnisse zwischen Kollegen oder Führungskräften belasten Arbeitsprozesse und führen zu konfliktbehafteten Situationen.[36] Auseinandersetzungen im beruflichen Kontext gelten als besonders schwierig, da Arbeit einerseits der Bedürfnisbefriedigung dient[37] und andererseits einen herausragenden Stellenwert für die eigene Persönlichkeit hat.[38] Konflikte belasten die Arbeitszeit der Beteiligten und verursachen erhebliche Kosten.[39]

Der folgende Abschnitt gibt zunächst Aufschluss darüber, auf welchem Konfliktverständnis die vorliegende Publikation basiert. Anschließend werden neben der detaillierten Betrachtung der oben genannten Gesichtspunkte Konfliktarten sowie die Reaktionskette im Gehirn dargestellt.

I. Konfliktverständnis

Die Literatur zeigt eine große Bandbreite von Konfliktdefinitionen, die sich durch vielfältige Aspekte sowie durch Tiefe und Schärfe unterschei-

36 Vgl. Faller/Faller, Innerbetriebliche Wirtschaftsmediation, a. a. O., S. 13.

37 Vgl. Kals/Ittner, Wirtschaftsmediation, a. a. O., S. 45.

38 Vgl. Kapitel B. III. 1.

39 Ausführlicher dazu vgl. Insam/Achterholt/Reimann: Konfliktkostenstudie. Die Kosten von Reibungsverlusten in Industrieunternehmen, hrsg. v. d. KPMG AG Wirtschaftsprüfungsgesellschaft 2009, online im Internet unter: https://kpmg-law.de/content/uploads/2018/07/2009_Konfliktkosten_Reibungsverluste_in_Unternehmen.pdf (Zugriff: 16.10.2020).

den.[40] In der Mediation hat sich die Konfliktdefinition nach *Glasl*[41] durchgesetzt:

> „Sozialer Konflikt ist eine Interaktion zwischen Aktoren[42] (Individuen, Gruppen, Organisationen usw.), wobei wenigstens ein Aktor eine Differenz bzw. Unvereinbarkeit im Wahrnehmen und im Denken bzw. Vorstellen und im Fühlen und im Wollen mit dem anderen Aktor (den anderen Aktoren) in der Art erlebt, dass beim Verwirklichen dessen, was der Aktor denkt, fühlt oder will eine Beeinträchtigung durch einen anderen Aktor (die anderen Aktoren) erfolge."[43]

Maßgeblich für das Konfliktverständnis ist, ob aufgrund einer der genannten Störungen eine Handlung folgt. Die Definition beinhaltet die kognitive *und* die emotionale Ebene. Konflikte, die lediglich auf kognitiven *oder* emotionalen Unstimmigkeiten basieren, werden anders bearbeitet als soziale Konflikte.[44] Sie stehen nicht im Fokus der nachfolgenden Abhandlung.

---

40 Vgl. Glasl, Konfliktmanagement, a. a. O., 2013, S. 14 f.

41 Vgl. Schmidt, Perspektiven auf den Konflikt, hrsg. v. d. FernUniversität in Hagen, Kursnummer: 71067/2 [Stand 2013], S. 36.

42 Glasl verwendet den Begriff Aktor statt Akteur, um geschlechtsneutral zu formulieren. Vgl. Glasl, Erzählen im Kontext imaginativer, inspirativer und intuitiver Methoden der Konfliktbehandlung, in: Erzählen, was ich nicht weiß, hrsg. v. Koch/Steinweg, Strasburg 2005, S. 4.

43 Glasl, Konfliktmanagement, a. a. O., 2013, S. 17.

44 Vgl. Glasl, Eskalationsdynamik sozialer Konflikte, in: Mediation und Konfliktmanagement, hrsg. v. Trenczek/Berning/Lenz, Baden-Baden 2013, S. 68. Vor dem Hintergrund des Konfliktverständnisses nach *Glasl* bleiben auch *innere* Konflikte, wie von *Schulz von Thun* beschrieben, unberücksichtigt. Vgl. zum Inneren Team und den verschiedenen „Persönlichkeiten", die *in einem* – und nicht zwischen – Menschen in Konflikt treten können: Schulz von Thun, Miteinander reden: 3. Das „Innere Team" und situationsgerechte Kommunikation, 21. Aufl., Reinbek bei Hamburg 2013, S. 25–34.

II. Konfliktarten

Um Konflikte zu lösen ist es notwendig herauszufinden, welche Konfliktart vorliegt.[45] Nur so kann gewährleistet werden, dass das faktische Problem behandelt wird.[46] Gleichwohl lassen sich verschiedene Konfliktarten nicht gänzlich voneinander trennen. Häufig können sie sich überlagern oder gehen von einer Konfliktart in die nächste über.[47] Studien zufolge entstehen 47 Prozent der Konflikte auf der Beziehungsebene, wodurch ein konstruktiver Umgang mit Sachthemen verhindert wird.[48]

Die nachstehende Darstellung erhebt keinen Anspruch auf Vollständigkeit; vielmehr handelt es sich um ausgewählte Kategorien mit Blick auf die Themenstellung der Untersuchung.

1. Sachverhaltskonflikte

Sachverhaltskonflikte[49] werden durch abweichende Überzeugungen, divergierende Informationen und Einschätzungen oder Bewertungen eines Tatbestandes ausgelöst. Dazu gehört auch die unterschiedliche Beurteilung von Daten und Fakten.[50]

Erfolgt eine verständnisorientierte Kommunikation, geht es im Konflikt tatsächlich „um die Sache", ist ein Eskalationsrisiko ausgeschlossen.[51]

---

45 *Faller* und *Faller* sprechen von Konfliktursachen in Organisationen. Ausführlich: Faller/Faller, Innerbetriebliche Wirtschaftsmediation, a. a. O., S. 37–40. Ob es sich um eine Konflikt*art* oder um eine Konflikt*ursache* handelt, ist nicht evident. Wichtig ist zu erkennen, dass Konflikte Streitthemen haben. Diese sind systematisch zu kategorisieren, deren Hintergrund zu klären und adäquat zu behandeln. Dazu ausführlicher: Montada/Kals, Mediation. Psychologische Grundlagen und Perspektiven, 3., überarb. u. akt. Aufl., Weinheim 2013, S. 104–127.

46 Vgl. Proksch, Konfliktmanagement im Unternehmen, a. a. O., S. 5.

47 Vgl. Mayer, Trainingshandbuch interkulturelle Mediation und Konfliktlösung; didaktische Materialien zum Kompetenzerwerb, 2. Aufl., Münster 2008, S. 42.

48 Vgl. Duve/Eidenmüller/Hacke, Mediation in der Wirtschaft, a. a. O., S. 22 f.

49 Sachverhaltskonflikte und Sachkonflikte werden synonym verwendet.

50 Auferkorte-Michaelis/Michaelis, Kommunikation – Grundlage mediativer Verfahren, T. 2, hrsg. v. d. FernUniversität in Hagen, Kursnummer: 71058/2 [Stand 2007], S. 19.

51 Vgl. Montada, Psychologie der Mediation, T. 1, hrsg. v. d. FernUniversität in Hagen, Kursnummer: 71056 [Stand 2012], S. 18.

Im beruflichen Kontext können Arbeitsmethoden, finanzielle und personelle Ressourcen Ursache von Sachkonflikten sein. Diese lassen sich prinzipiell lösen.[52]

Häufig geht es aber nur vordergründig um die Sache. Nicht selten sind es persönliche Anliegen, die dahinter liegen und in der Mediation herausgearbeitet werden müssen.[53] Gelingt es, Störungen auf der Beziehungsebene zu beseitigen, steigt die Wahrscheinlichkeit, einen Sachverhaltskonflikt nachhaltig zu klären.[54]

2. Beziehungskonflikte

Der Begriff „Beziehungskonflikt" ist in der Literatur nicht eindeutig. Im Zusammenspiel der Wörter Beziehung und Konflikt ist zunächst zu untersuchen, in welcher Art von Beziehung die Akteure zueinander stehen. So kann es sich beispielsweise um gleichgestellte Parteien handeln, um reziproke Rollen oder um hierarchische Rangordnungen, wie sie sich im Arbeitnehmer- und Arbeitgeberverhältnis finden. Die Art der Beziehung ist determinierend für die Erwartungshaltung, die eine Partei hat oder haben kann. Im beruflichen Kontext lassen sich beispielsweise Wertschätzung und Status benennen. Werden die normativen Erwartungen nicht erfüllt, kann es zum Konflikt kommen.[55] Demnach liegt die Ursache von Beziehungskonflikten im emotionalen Bereich.[56] Destruktive Kommunikation und verletzte Gefühle münden in eine gestörte Selbst- und Fremdwahrnehmung, sodass oftmals jede Äußerung als persönlicher Angriff beurteilt wird.

---

52 Vgl. Berkel, Konflikttraining, a. a. O., S. 22.

53 Vgl. Montada, Psychologie der Mediation, a. a. O., S. 18.

54 Vgl. Altemeyer, Mediation im Unternehmen. Lösungen für betriebliche Konflikte, in: Haus der Technik, Fachbuch Bd. 91, hrsg. v. Brill, Renningen 2007, S. 31.

55 Vgl. Montada/Kals, Mediation, a. a. O., S. 111.

56 Vgl. Proksch, Konfliktmanagement im Unternehmen, a. a. O., S. 6.

3. Wertekonflikte

Jeder Mitarbeiter besitzt einen individuellen Wertekanon, der Denken und Handeln steuert. Organisationen verfügen über gemeinsame Werte und Normen,[57] die die Unternehmenskultur prägen. Menschen brauchen Werte, da sie Halt und Orientierung geben. Die Rangfolge und Bewertung der individuellen Werte entspringen der subjektiven Empfindung.[58]

Divergierende Werte oder Wertvorstellungen bergen Konfliktpotenzial in Unternehmen. Beispielhaft seien hier Werte wie Leistungsorientierung, Sicherheit, Seniorität, Solidarität, religiöse Orientierung, Pünktlichkeit und Freiheit genannt.[59]

4. Interessenkonflikte

Unterschiedliche Interessen und nicht Fakten können Auslöser von Konflikten sein.[60] Interessen sind die verborgenen Anliegen, sie motivieren Menschen zu handeln und steuern Verhalten.[61] Im beruflichen Alltag werden beispielsweise Konkurrenzdenken oder -handeln unter Interessenkonflikt subsumiert.[62]

---

57 Vgl. Bär-Sieber/Krumm/Wiehle, Unternehmen verstehen, gestalten, verändern. Das Graves-Value-System in der Praxis, 3., überarb. u. erw. Aufl., Wiesbaden 2015, S. 26.

58 Vgl. Krumm, 9 Levels of Value Systems. Ein Entwicklungsmodell für die Persönlichkeitsentfaltung und die Evolution von Organisationen und Kulturen, 2. Aufl., Mittenaar-Bicken 2014, S. 46 f.

59 Vgl. Proksch, a. a. O., S. 6.; Montada, Psychologie der Mediation, a. a. O., S. 21. Siehe ausführlicher dazu Kapitel E. III.: 4. Die Wirklichkeit der Mediänden.

60 Vgl. Proksch, a. a. O., S. 6. Zur Semantik v. *Interesse* vgl. Kapitel E. III. 1.

61 Vgl. Fischer/Ury/Patton, Das Harvard-Konzept. Der Klassiker der Verhandlungstechnik, limit. Sonderaufl., Frankfurt 2014, S. 77.; Schweizer, Konflikte und wie wir sie lösen, hrsg. v. d. FernUniversität in Hagen, Kursnummer: 71059/1 [Stand 2007], S. 66.

62 Vgl. Faller/Faller, Innerbetriebliche Wirtschaftsmediation, a. a. O., S. 38.; Auferkorte-Michaelis/Michaelis, Kommunikation – Grundlage mediativer Verfahren, a. a. O., S. 21.

Im Kontext der Mediation und einer angestrebten Lösung auf der Basis der Interessen, wird auf dieses Feld in Kapitel E. III. detailliert eingegangen.

III. Problematik von Beziehungskonflikten in Organisationen

Organisationen sind komplexe Gebilde.[63] Der Begriff Organisation lässt sich aus den Blickwinkeln instrumental, funktional und institutional beleuchten. Kennzeichnend für Organisationen ist ein auf Unternehmensziele[64] gerichtetes Handeln aller Beteiligten in einem sozialen System. Einzelne Individuen oder auch Gruppen arbeiten in einer arbeitsteiligen Welt nach formalen und konstanten Regeln, die dazu dienen, das Verhalten der Beteiligten zu steuern. Diese Managementfunktion wird in der Regel über Hierarchien abgebildet.[65] Die Komplexität erschwert einen professionellen Umgang mit Konflikten und deren Lösung.[66] So entsprechen oft die – in einem formalisierten Prozess – festgelegten Ziele der Organisation nicht den persönlichen Zielen ihrer Mitglieder. Dazu kommt, dass sich die Ziele jedes Einzelnen widersprechen können.[67] Beziehungskonflikte in Organisationen bleiben oft nicht auf die Betroffenen beschränkt. Die Konfliktparteien suchen häufig nach weiteren Sachkonflikten, um Ansprüche vorzubringen, Macht zu festigen oder auch, um dem Anderen Schaden zuzufügen.[68]

---

63 Vgl. Kals/Ittner, Wirtschaftsmediation, a. a. O., S. 47.

64 Die vorgelegte Untersuchung konzentriert sich auf Organisationen, die im erwerbswirtschaftlichen Kontext stehen und mit dem Begriff „Unternehmen" gleichgesetzt werden. Siehe zur Frage der Organisationsdefinition und Abgrenzung ausführlicher: Kieser/Walgenbach, Organisation, 6., überarb. Aufl., Stuttgart 2010, S. 11–15.
Vgl. Duve/Eidenmüller/Hacke, Mediation in der Wirtschaft, a. a. O., S. 23.

65 Vgl. Nerdinger, Organisationstheorien, in: Arbeits- und Organisationspsychologie, hrsg. v. Nerdinger/Blickle/Schaper, 2., überarb. Aufl., Berlin, Heidelberg 2011, S. 42. f.

66 Vgl. Kals/Ittner, Wirtschaftsmediation, a. a. O., S. 47.

67 Vgl. Kieser/Walgenbach, Organisation, a. a. O., S. 7.

68 Vgl. Duve/Eidenmüller/Hacke, Mediation in der Wirtschaft, a. a. O., S. 23.

1. Arbeit zur Bedürfnisbefriedigung

Die Erwerbstätigkeit besitzt in unserer Gesellschaft eine beispiellose Bedeutung. Über die Kenntnis des Berufes schließt das Gegenüber auf die individuellen Fähigkeiten, Bedürfnisse[69] und auf die soziale Stellung des Anderen.[70] Arbeit dient nicht ausschließlich der materiellen Existenzsicherung; vielmehr ist sie ein Mittel zur Selbstbestätigung und zur Kompetenzgewinnung. Berufstätigkeit erfasst somit immer beide Facetten der Motivation, die extrinsische (Entlohnung) und die intrinsische (die psychische) Dimension.[71] In der Praxis hat sich – trotz aller Kritik an der empirischen Fundierung des Modells – die Bedürfnispyramide nach *Maslow* als Erklärung für intrinsisch motiviertes Handeln durchgesetzt. Politische Ziele wie die Humanisierung der Arbeit und Organisationsveränderungen, die Arbeitnehmern mehr Handlungsspielräume und Entfaltungsmöglichkeiten geben, greifen heute gleichermaßen auf das Modell von *Maslow* zurück.[72] Er unterscheidet zwischen grundlegenden Bedürfnissen (auch Trieben), die dem physiologischen Überleben dienen, dem Bedürfnis nach Sicherheit (zweite Stufe), dem Streben nach Zugehörigkeit und Liebe (dritte Stufe), dem Wunsch nach Wertschätzung und Anerkennung sowie dem Bedürfnis nach Selbstverwirklichung als letzte Stufe der Bedürfnispyramide.[73]

Bezogen auf die Erwerbstätigkeit wird offensichtlich, dass Arbeit grundsätzlich alle Bedürfnisse nach *Maslow* erfüllen kann.[74] Um den Sachverhalt zu verdeutlichen, bleibt abschließend festzuhalten, dass die entlohnte Erwerbstätigkeit dazu dient, Hunger zu stillen respektive die

69 Ausführlich zu Bedürfnissen und zur Abgrenzung von Motiven vgl. Kapitel E. III. 1.

70 Vgl. Beck, Risikogesellschaft. Auf dem Weg in eine andere Moderne, Frankfurt 1986, S. 220 f.

71 Vgl. Aßländer, in: Aktuelle Analysen 40: Bedeutungswandel der Arbeit. Versuch einer historischen Rekonstruktion, hrsg. v. d. Hans-Seidel-Stiftung e. V., Akademie für Politik und Zeitgeschehen, München 2005, S. 31–36., online im Internet unter: https://www.hss.de/fileadmin/migration/downloads/aa40.pdf (Zugriff: 16.10.2020).

72 Vgl. Von Rosenstiel/Molt/Rüttinger, Organisationspsychologie, 9., vollst. erw. u. überarb. Aufl., Stuttgart 2005, S. 266 f.

73 Vgl. Maslow, Motivation und Persönlichkeit, 13. Aufl., Reinbeck bei Hamburg 2014, S. 62–74.

74 Vgl. Kals/Ittner, Wirtschaftsmediation, a. a. O., S. 45.

Ernährung zu sichern. Ein unbefristetes Arbeitsverhältnis vermittelt Sicherheit und gibt Stabilität. Das Bedürfnis nach Zugehörigkeit wird durch die Integration in ein Unternehmen und durch die Zusammenarbeit in Teams oder Abteilungen befriedigt. Status und Ansehen erhalten Menschen oftmals über ihre berufliche Reputation. Letztlich beinhaltet Erwerbstätigkeit die Chance, Dinge zu tun, die den individuellen Neigungen und Fähigkeiten entsprechen. Sofern eine adäquate Tätigkeit ausgeübt wird, ist sie ein Garant für die Möglichkeit, sich selbst zu verwirklichen.

2. Auswirkungen von Konflikten

Konflikte haben mannigfaltige Auswirkungen, auch mit Blick auf die beschriebenen Bedürfnisse. So können sie beispielsweise Existenzängste, Angst vor Statusverlust, die Angst vor dem Versagen oder auch die Sorge, keine Anerkennung zu erhalten, verursachen.[75] Des Weiteren bleiben Konflikte häufig nicht ohne Folgen für die Arbeitsproduktivität und die Gesundheit der Mitarbeiter.

a) Kosten

Konflikte kosten Unternehmen Geld. In der Praxis fehlt es an einem generellen oder auch systematischen Konfliktkosten-Controlling. Zu intransparent sind die Daten, zu schwierig scheint die Abgrenzung von Konfliktbeginn, Konfliktende, Beteiligte und faktischer Auswirkung.[76]

Die Wirtschaftsprüfungsgesellschaft KMPG erstellte in 2009 eine Studie, die die Kosten von Reibungsverlusten (zwischen 50 000 Euro und über 500 000 Euro) in deutschen Industrieunternehmen aufzeigt.[77] Nach Veröffentlichung dieser Forschungsarbeit wurde der Blick in Großunter-

75 Vgl. ebd., S. 46.

76 Vgl. Insam, Best practice. Konflikt(kosten)-Management 2012. Der wahre Wert der Mediation, hrsg. v. d. KPMG AG Wirtschaftsprüfungsgesellschaft 2012, S. 7., online im Internet unter: http://dzkk.de/PDF/konfliktkosten-management2012.pdf (Zugriff: 16.10.2020).

77 Vgl. Insam/Achterholt/Reimann, Konfliktkostenstudie, a. a. O., 2009, S. 4.

nehmen auf das Thema geschärft, der Mittelstand blendet die Betrachtung von Konfliktkosten weiterhin aus.[78]

Um Transparenz in die Kostenstruktur zu bringen, ist zunächst der Begriff *Konfliktkosten* zu definieren. Dies sind alle Aufwendungen, die einen zielgerichteten Ressourceneinsatz beeinträchtigen. Die Störung bezieht sich in erster Linie auf die Arbeitszeit, die nicht intentional eingesetzt wird, oder anders ausgedrückt: Im Fokus stehen die Kosten, die für die Ressource Zeit aufgewendet werden, in der *nicht* gearbeitet wird.[79] *Insam* und *Seidel* unterscheiden zwischen dysfunktionalen und funktionalen Konflikten. Dysfunktionale Konflikte sind nachteilig für Unternehmen, sodass deren Kosten zu vermeiden sind.[80] Funktionale Konfliktkosten gelten als unverzichtbar, da sie Organisationen weiterentwickeln und als Investitionen in die Zukunft gelten.[81] 2012 erschien die Folgestudie der KPMG, die ausgewählte Praxisfälle sowie deren Konfliktkosten aufzeigt. Parallel zur Studie aus 2009 wird an der Kategorisierung der drei Konfliktebenen Person, Team und Organisation[82] festgehalten.[83]

Auf der Personenebene können Kosten durch Fluktuation, Fehlzeiten oder kontraproduktives Verhalten verursacht werden. Die Aufwendungen für Mitarbeiterfluktuation beinhalten direkte Kosten, die durch die Personalsuche und die Einarbeitung verursacht werden sowie indirekte Kosten. Diese entstehen dadurch, dass Mitarbeiter nicht ihr volles Leis-

78 Vgl. Berning, Kosten nicht bearbeiteter Konflikte, in: Mediation und Konfliktmanagement, hrsg. von Trenczek/Berning/Lenz, Baden-Baden 2013, S. 224.

79 Vgl. Insam, Best practice. Konflikt(kosten)-Management 2012, a. a. O., S. 5–8.

80 Betriebswirtschaftlich gesehen ist der Begriff *Kosten* falsch, da es sich nicht um geplante Ausgaben handelt. Es sind vielmehr Einbußen. Vgl. Berning, Konflikte kosten Unternehmen Geld – aber wie viel?, in: Sonderdruck Spektrum der Mediation zu H. 23/2006, S. 1.

81 Vgl. Insam/Seidel, Konfliktkosten-Controlling, in: Controller-Magazin, H.: März/April 2010, S. 76 f. Diese Auffassung bestätigt auch *Glasl*, der die These vertritt, dass Konflikte überkommene Strukturen abbauen und für Fortschritt und Veränderung stehen. Konfliktfreie Organisationen sind gleichbedeutend mit Stillstand. Vgl. Glasl, Konfliktmanagement, a. a. O., 2013, S. 157. Zu den positiven Aspekten von Konflikten vgl. auch die Einleitung der vorliegenden Publikation.

82 Zu den Kosten und deren Definition auf der Team- und Organisationsebene, vgl. die zitierten Studien der KPMG AG aus den Jahren 2009 und 2012: Konfliktkostenstudie, a. a. O., 2009, S. 13–19.; Best practice. Konflikt(kosten)-Management 2012, a. a. O., S. 7–23.

83 Vgl. Insam, Best practice. Konflikt(kosten)-Management 2012, a. a. O, S. 5–8.

tungsvermögen abrufen (innere Kündigung). Fehlzeiten entstehen durch Krankheit, Arztbesuche oder Rehabilitationsmaßnahmen. Mit kontraproduktivem Verhalten meint die KPMG-Studie aus 2009 vorsätzliches und betriebsschädigendes Handeln, verursacht durch Unzufriedenheit.[84]

Folgt man dem Ergebnis einer internationalen Studie aus 2008, wendet jeder Arbeitnehmer in der Woche 3,3 Stunden seiner Zeit für Konflikte auf.[85] Das Hernstein-Institut geht von 15 Prozent der täglichen Arbeitszeit aus.[86] Werden acht Stunden als durchschnittliche Arbeitszeit angenommen bedeutet dies, dass täglich 1,2 Stunden respektive sechs Stunden wöchentlich Zeit in Konflikte gebunden sind. Der Durchschnitt aus beiden Studienergebnissen beträgt 4,65 Stunden pro Woche. Eine Arbeitsstunde kostete in Deutschland im Jahre 2013 31,50 Euro.[87] Im Konflikt handeln mindestens zwei Akteure,[88] hochgerechnet auf ein Jahr (46 Arbeitswochen) ergibt sich ein Aufwand von 13 475,70 Euro. Allein diese einfache Berechnung macht deutlich, wie hoch der volkswirtschaftliche Schaden ist, der durch Konflikte verursacht wird. Mit Blick darauf, dass die Anzahl der erwerbstätigen Personen (einschließlich der selbstständig Tätigen, die einen Anteil von 10,7 Prozent ausmachen) 41,8 Millionen beträgt,[89] lässt sich der Schaden für die Wirtschaft erahnen.

---

84 Vgl. Insam/Achterholt/Reimann: Konfliktkostenstudie, a. a. O., 2009, S. 15–16.; Vgl. Insam, Best practice. Konflikt(kosten)-Management 2012, a. a. O., S. 7–23.

85 Vgl. Hayes, Workplace Conflict and How Businesses Can Harness it to Thrive, in: CPP Global Human Capital Report, July 2008, S. 4., online im Internet unter: https://www.cpp.com/pdfs/CPP_Global_Human_Capital_Report_Workplace_Conflict.pdf (Zugriff: 16.10.2020).

86 O. V., Konfliktkosten und Kostenfaktoren, online im Internet unter: http://www.betriebsrat.de/mobbing-konflikt/konfliktkosten-und-kostenfaktoren.html (Zugriff: 16.10.2020). Eine Auswahl an Studien zu Konfliktkosten ist dem Aufsatz von Berning: Kosten nicht bearbeiteter Konflikte, in Mediation und Konfliktmanagement, hrsg. v. Trenczek/Berning/Lenz, a. a. O., S. 216–226 zu entnehmen.

87 Vgl. Statistisches Jahrbuch. Deutschland und Internationales, 2014, hrsg. v. Statistischen Bundesamt Wiesbaden, S. 371.

88 Vgl. dazu die Definition nach Glasl, Kapitel B. 1.

89 Vgl. Statistisches Jahrbuch, a. a. O., S. 346.

b) Gesundheit

Auf der Personenebene hat die Studie der KPMG bereits Fehlzeiten, verursacht durch Krankheit oder Rehabilitationsmaßnahmen, als Kostenfaktor identifiziert.[90] Diesem Aspekt wird in der vorgelegten Arbeit gesondert Rechnung getragen: Konflikte im Arbeitsleben, insbesondere auch im Verhältnis Führungskraft und Mitarbeiter, beeinträchtigen nicht nur die Gesundheit; sie gelten als energieraubend und schwächen das Selbstwertgefühl der Betroffenen.[91] Studien belegen, dass das Führungsverhalten einen belastbaren Einfluss auf die Gesundheit ihrer Mitarbeiten hat: Gute Führung beeinflusst das körperliche und psychische Befinden positiv.[92]

Jedoch sind es nicht nur Konflikte innerhalb dieser Hierarchieebenen, die stressbedingte Erkrankungen verursachen. Ein schlechtes Betriebsklima, welches nicht immer ursächlich auf die oben beschriebene Arbeitsbeziehung zurückzuführen ist,[93] zählt ebenso zu den krankheitsauslösenden Faktoren.[94] In diesem Zusammenhang haben Begriffe wie *Bossing* oder *Mobbing* längst Einzug in die Literatur und in die Forschung gehalten.[95] Zunächst sei eine kurze Definition von *Mobbing* und *Bossing* vorangestellt. Mobbing bedeutet, dass eine Person am Arbeitsplatz:

> „über einen längeren Zeitraum drangsaliert oder benachteiligt und ausgegrenzt wird."[96]

---

90 Siehe dazu die Ausführungen im vorangegangenen Abschnitt a).

91 Vgl. Sutton, Der Arschloch-Faktor. Vom geschickten Umgang mit Aufschneidern, Intriganten und Despoten im Unternehmen, 4. Aufl., München, Wien 2008, S. 23.

92 Vgl. Stilijanow, Führung und Gesundheit, in: Stressreport Deutschland. Psychische Anforderungen, Ressourcen und Befinden, hrsg. v. der Bundesanstalt für Arbeitsschutz und Medizin, Dortmund, Berlin, Dresden 2012, S. 123.

93 Berufliche Praxis.

94 Vgl. Brinkmann, Mobbing, Bullying, Bossing. Treibjagd am Arbeitsplatz, 3., akt. u. überarb. Aufl., Hamburg 2011, S. 20.

95 Vgl. dazu ebd. u. Leymann, Mobbing: Psychoterror am Arbeitsplatz und wie man sich dagegen wehren kann, 14. Aufl., Reinbek bei Hamburg 2009, Erstveröffentlichung in 1993.

96 Meschkutat/Stackelbeck/Langenhoff, Der Mobbing-Report. Eine Repräsentativstudie für die Bundesrepublik, hrsg. v. d. Bundesanstalt für Arbeitsschutz und Arbeitsmedizin, Dortmund/Berlin 2002, S. 19.

Nach *Leymann* bezeichnet Mobbing:

> „negative kommunikative Handlungen, die gegen eine Person gerichtet sind ... und die sehr oft und über einen längeren Zeitraum hinaus vorkommen."[97]

Nicht jeder Konflikt ist gleichbedeutend mit Mobbing – aber Mobbing ist eine Eskalation des Konfliktes. Mobbing kann von Einzelpersonen oder von Gruppen (Kollegen) ausgehen, die Menschen zum Beispiel systematisch aus dem Unternehmen herausdrängen wollen.[98] Geht die Handlung von dem Vorgesetzten aus, spricht man umgangssprachlich vom *Bossing*.[99]

Die Problemfelder, die sich beim Bossing[100] ergeben, sind zunächst die gleichen wie beim Mobbing. Zu den Auswirkungen gehören die nachlassende Motivation und damit einhergehend auch die sinkende Arbeitsproduktivität.[101] Negative Gefühle wie Ohnmacht und Unsicherheit[102] entstehen. Psychosomatische Auswirkungen wie Schlafstörungen, Kopfschmerzen, Migräne, Rückenprobleme, Depressionen und Magen-Darm-Erkrankungen sind denkbare Folgen von Mobbing.[103] Auf einen Nenner gebracht: Mobbing und Bossing können krank machen.

---

97 Leymann, Mobbing, a. a. O., S. 21.

98 Vgl. Meschkutat/Stackelbeck, Konfliktlösung am Arbeitsplatz. Analysen, Handlungsmöglichkeiten, Prävention bei Konflikten und Mobbing. Ein Handbuch für Führungskräfte, hrsg. v. Landesinstitut für Gesundheit und Arbeit des Landes Nordrhein-Westfalen, Düsseldorf 2010, S. 11. Wird Mobbing als Beschwerde beim Arbeitgeber vorgetragen, hat dieser den Vorwurf zu prüfen und (bei Bestätigung) für Abhilfe zu sorgen. Vgl. Hlawaty/Lukas, Mediation bei Konflikten in der Arbeitswelt. Ein Praxisbericht, hrsg. v. d. FernUniversität Hagen, Kursnummer: 71075/1 [Stand 2013], S. 33.

99 Oftmals handelt es sich um Führungskräfte, die zwischen 35 und 50 Jahre alt sind. Vgl. Lundbeck, Mediation gegen Mobbing und Bossing, in: DGM-Newsletter 1/2010, S. 10.

100 Für die Bundesrepublik wird die Zahl der Bossing-Opfer auf eine Viertelmillion geschätzt. Vgl. Brinkmann, Mobbing, Bullying, Bossing.a. a. O., S. 63.

101 Die Arbeitsproduktivität wird in der Volkswirtschaftlichen Gesamtrechnung als Quotient aus dem preisbereinigten Bruttoinlandsprodukt und der geleisteten Arbeitsstunde definiert. Vgl. Statistisches Jahrbuch, a. a. O., S. 339.

102 Beispielhafte und unvollständige Auflistung der Auswirkungen.

103 Vgl. Lundbeck, Mediation gegen Mobbing und Bossing, a. a. O., S. 14.

Langanhaltende und dauerhafte Schikanen lösen im Körper Stress aus. Dies kann sich auf drei Ebenen zeigen:

1. Das Denken und Fühlen sind beeinträchtigt (Angst, Ärger).
2. Es treten körperliche Symptome (erhöhter Blutdruck oder/und Puls) auf.
3. Auf der Verhaltensebene kann sich eine verminderte Leistungsfähigkeit zeigen (häufige Fehler).

Psychisch wirken sich die Folgen der Schikanen auf das Selbstbewusstsein, die Empfindlichkeit (Überempfindlichkeit) und Gedächtnisleistungen (Konzentrationsstörungen, Vergesslichkeit) aus. Da sich die Symptome auch im Privatleben zeigen, haben sie Einfluss auf die sozialen Beziehungen zu Freunden, zum Partner und zur Familie. Ein Teufelskreis entspinnt sich.[104]

Wird Stress als Bedrohung – wovon beim Mobbing oder Bossing auszugehen ist – wahrgenommen, hat dies einen direkten (negativen) Einfluss auf das Immunsystem und auf die Enden der Chromosomen (Telomere), die sich verkürzen. Auch auf der Zellebene entspinnt sich ein Teufelskreis: Verkürzte Telomere können in eine beschleunigte Alterung der Immunzellen münden. Daraus folgt eine erhöhte Infektanfälligkeit, nicht nur bei älteren Menschen, wie Studienergebnisse zeigen.[105]

IV. Reaktionskette auf Konflikte im Gehirn

Psychosoziale Konflikte gelten als Hauptursache für das Auslösen von Stressreaktionen im Körper. Insbesondere wenn der Mensch keine Bewältigungsstrategien erlernt hat, können Stressreaktionen unkontrollierbar werden.[106] Doch *was* als Konflikt vom Individuum wahrgenommen

104 Vgl. Brinkmann, Mobbing, Bullying, Bossing, a. a. O., S. 21 f.

105 Vgl. Blackburn/Epel, Die Entschlüsselung des Alterns. Der Telomer-Effekt, 3. Aufl., Deutsche Erstausgabe, München 2017, S. 116 ff.; Ausführlich beschreiben die beiden Autoren in ihrem Buch, welchen Einfluss Stress auf die Telomere hat und welche Ressourcen Menschen haben, um dem entgegenzuwirken. Vgl. ebd., Teil zwei: Ihre Zellen lauschen Ihren Gedanken, S. 91–196.

106 Vgl. Hüther, Biologie der Angst. Wie aus Stress Gefühle werden, 12. Aufl., Göttingen 2014, S. 43.

wird, hängt von der subjektiven Bewertung und der Lebenserfahrung jedes Einzelnen ab. Daraus folgt, dass dieselbe Konfliktursache divergierende neurobiologische oder neuroendokrine Auswirkungen hat.[107]

Kontrollierbare Stressreaktionen lösen im Gehirn die nachfolgend dargestellte Reaktionskette aus.

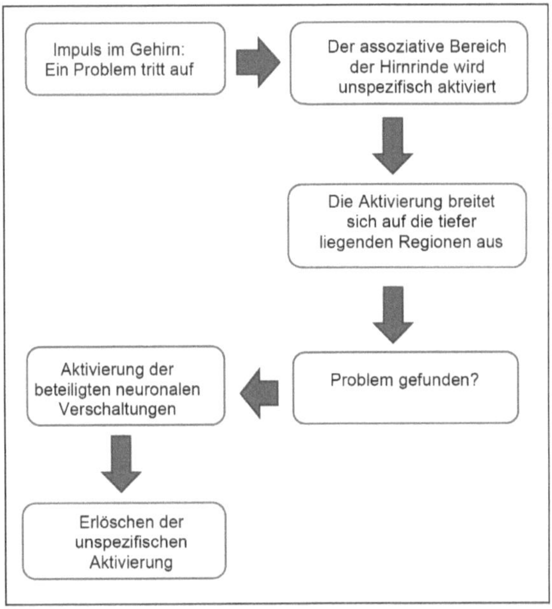

Abbildung 1: Reaktion auf eine (kontrollierbare) Herausforderung

Quelle: Angelehnt an: Hüther, Neurobiologische Aspekte der Entstehung und Bearbeitung von Konflikten, in: Mediation und Konfliktmanagement, hrsg. von Trenczek/Berning/Lenz, a. a. O., S. 83.

Treten die oben beschriebenen kontrollierbaren Impulse wiederholt auf, nehmen die Stabilität und die Effizienz der eingebundenen Netzwerke und Verschaltungen im Gehirn zu. Im Ergebnis braucht es eine Vielzahl von verschiedenen und kontrollierbaren Herausforderungen, um das

107 Vgl. Hüther, Neurobiologische Aspekte der Entstehung und Bearbeitung von Konflikten, in: Mediation und Konfliktmanagement, hrsg. v. Trenczek/Berning/Lenz, a. a. O., S. 82.

Gehirn in seiner Komplexität zu nutzen. Konflikterfahrungen werden in neuronalen Verschaltungsmustern verankert. Einschneidende oder wiederholende Erlebnisse hinterlassen Spuren im Gehirn, die das Verhalten, die Wahrnehmung, das Denken und Fühlen determinieren. Grundsätzlich ist es problematisch, wenn allmählich die Verfestigung der Nervenwege (Spuren) dazu führt, dass von den Vorstellungen und Überzeugungen nicht mehr abgewichen wird. Die Haltung der Menschen wird rigider, ihre geistige Flexibilität geht zunehmend verloren. Bemerken sie in einer Konfliktsituation die Ausweglosigkeit, folgen nicht mehr zu kontrollierende Stressreaktionen, die in verschiedene Krankheitsbilder[108] münden können.[109]

108 Vgl. Darstellung im vorherigen Kapitel B. III. b).

109 Vgl. Hüther, Neurobiologische Aspekte der Entstehung und Bearbeitung von Konflikten, in: Mediation und Konfliktmanagement, hrsg. v. Trenczek/Berning/Lenz, a. a. O., S. 83.

C. Der Einblick in das Gehirn

Welche Aufgaben hat das Gehirn? Wie ist es aufgebaut? Welche Zentren werden bei psychosozialen Konflikten aktiviert? Antworten auf diese Fragen geben die nachstehenden Ausführungen, wobei sie nicht den Anspruch auf eine vollständige anatomische Abhandlung erheben. Vielmehr erhält der Leser insbesondere einen Einblick in das limbische System, welches als Sitz der Psyche[110] bezeichnet wird. Im Kontext der Mediation kommt ihm eine besondere Bedeutung zu, da dieser Teil des Gehirns jedwede Emotionen sowie unsere Lebensmotive[111] beherbergt. Die Kernaufgabe des limbischen Systems ist die Bewertung von Handlungen und Erlebnissen.[112]

I. Grundfunktionen des Gehirns

Die Grundfunktionen des Gehirns lassen sich in vier Aufgaben unterteilen:

1. Erhaltung und Kontrolle der überlebensrelevanten Funktionen wie beispielsweise Kreislauf und Atmung.
2. Erfassen von überlebenswichtigen Ereignissen mit den Sinnesorganen.
3. Verarbeiten der Ereignisse in Form von Lernen, Verhaltenskontrolle und Gedächtnisbildung.
4. Steuern von körperlichen Reaktionen und Verhalten.[113]

---

110 Vgl. Roth/Struber, Wie das Gehirn die Seele macht, 5. Aufl., Stuttgart 2015, S. 63.

111 Zu den in Konflikten relevanten Lebensmotiven, vgl. ausführlicher Kapitel E. III. 6. b)., Tabelle 4: Zuordnung Interessen und Lebensmotive auf S. 68.

112 Vgl. Roth/Strüber, a. a. O., S. 63.

113 Vgl. Roth/Ryba, Coaching, Beratung und Gehirn. Neurobiologische Grundlagen wirksamer Veränderungskonzepte, 2. Aufl., Stuttgart 2016, S. 83.

II. Aufbau des Gehirns

Oberhalb vom Rückenmark (Medulla) befinden sich das verlängerte Mark, das Klein-, Mittel-, Zwischen- und das Großhirn (auch Endhirn genannt). Das Mittelhirn, die Brücke (Pons) und das verlängerte Mark bilden den Hirnstamm.[114] Das Gehirn und das Rückenmark werden als Zentralnervensystem bezeichnet. Bestandteil des Organs sind Nervenzellen (Neurone), die Erregungen und Informationen verarbeiten. Gliazellen unterstützen und versorgen die Neuronen. Es wird angenommen, dass ein menschliches Gehirn zwischen 60 bis 100 Milliarden Nervenzellen und doppelt so viele Gliazellen, enthält.[115] Die nachstehende Abbildung zeigt einen Querschnitt durch das Gehirn.

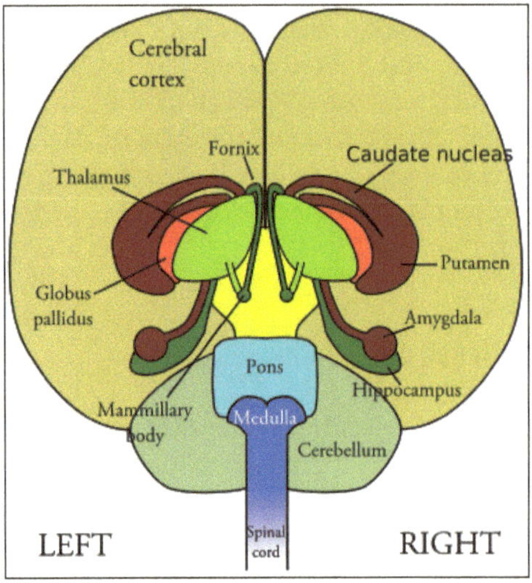

Abbildung 2: Querschnitt Gehirn

Quelle: https://openclipart.org/image/400px/svg_to_png/25912/bockel-brain-front-view-1.png (Zugriff: 12.10.2020).

In der Großhirnrinde (Cortex) befinden sich die Systeme, die für das Hören (auditorisches System), Sehen (visuelles System), Schmecken (gus-

114 Vgl. Roth, Persönlichkeit, Entscheidung und Verhalten, a. a. O., S. 43.

115 Vgl. Roth/Strüber, a. a. O., S. 45 ff.

tatorisches System), Riechen (olfaktorisches System) sowie für das Körperempfinden (somatosensorisches System) zuständig sind. Sie gilt als Sitz dessen, was uns als Menschen ausmacht:[116] Bewusstsein, Denken, Handeln, Sprechen sowie Vorstellungs- und Erinnerungsvermögen. Der Balken verbindet die zwei Hälften der Großhirnrinde. Sie enthält in etwa 14 Milliarden Nervenzellen.[117]

Im Kontext der Konfliktbetrachtung kommt dem präfrontalen Cortex (vorderer Frontallappen der Großhirnrinde[118]) eine besondere Bedeutung zu: Dieser Bereich sorgt aktiv für die Herstellung einer emotionalen Balance; er bringt Medianden dazu, sich harmonisierend, flexibel und anpassungsfähig zu zeigen. Erklärbar wird dies dadurch, dass dieser Teil des Gehirns das limbische System reguliert. Auch die Fähigkeit zur Einsicht, die es Medianden ermöglicht, vergangene Erlebnisse mit der Gegenwart und der Erwartung an die Zukunft zu verknüpfen, ist hier beheimatet. Eine dritte Funktion (von neun Funktionen[119]), die im mittleren präfrontalen Bereich verankert ist, ist die Fähigkeit zur Empathie.[120] Ihr kommt für einen nachhaltigen Mediationserfolg eine bedeutende Rolle zu, was im weiteren Verlauf der Untersuchung gezeigt wird.[121]

III. Das limbische System

Das limbische System ist ein komplexes Netzwerk, welches aus mehreren Zentren besteht und das Gehirn durchzieht. Vereinfacht (Modellbetrachtung nach Roth/Strüber) lässt es sich in eine untere, mittlere und obere Ebene aufteilen.

116 Vgl. Roth, Persönlichkeit, Entscheidung und Verhalten, a. a. O., S. 38 ff.

117 Vgl. Roth/Ryba, Coaching, Beratung und Gehirn, a. a. O. S. 95.

118 Anatomisch wird der Bereich dem limbischen System zugerechnet. Siehe dazu die weiteren Ausführungen der modellhaften Aufteilung des limbischen Systems nach Roth/Strüber.

119 Vgl. Siegel, The Mindful Brain – Das achtsame Gehirn, in: Damit das Denken Sinn bekommt. Spiritualität, Vernunft und Selbsterkenntnis, hrsg. v. Hüther/Roth/von Brück, 6. Aufl., Freiburg im Breisgau 2013. Der Autor beschreibt ausführlich und sehr anschaulich die neun Funktionen des präfrontalen Cortex.

120 Vgl. ebd., S. 45–48.

121 Vgl. Kapitel E. IV. 3. a).: Die vier Wahrnehmungsebenen.

1. Die untere Ebene

Die zuerst im Gehirn eines Menschen entstehende Region ist die untere Ebene, in der sich der Hypothalamus befindet.[122] Dieser liegt oberhalb von der Hirnanhangsdrüse (Hypophyse), im unteren Bereich des Zwischenhirns. Zentrale Aufgabe ist die Kontrolle aller biologischen Grundfunktionen wie beispielsweise des Kreislaufes, der Temperatur und des Wach- und Schlafzustandes aber auch des Angriffs-, Verteidigungs- und des Sexualverhaltens. In diesem Teil des Gehirns entstehen Trieb- und Affektzustände, hier sind angeborene Charaktereigenschaften (synonym für Temperament) beheimatet. Darüber hinaus werden in der Hypophyse und im Hypothalamus Hormone produziert und ausgeschüttet.

Die Prägung der unteren Ebene erfolgt überwiegend genetisch-epigenetisch und demnach durch Einflüsse, die die werdende Mutter auf das Gehirn des Fötus nimmt. Verhaltensweisen, die dieser Ebene entspringen, sind nicht kontrollierbar oder willentlich zu beeinflussen; sie laufen unbewusst ab.[123]

2. Die mittlere Ebene

Die septale Region, die Basalganglien, der Thalamus, der Hippocampus und der Mandelkern (Amygdala), sind der mittleren Ebene zuzuordnen. In diesem vielleicht bedeutsamsten Teil des Gehirns sind die unbewussten Gefühle und Verhaltensbewertungen sowie die Emotionskontrolle und die emotionale Konditionierung beheimatet.[124] Dieser Bereich entwickelt sich überwiegend in der Zeit nach der Geburt und im Kleinkindalter. In dieser Phase formen sich das (unbewusste) Selbstbild aufgrund von Bindungserfahrungen durch die Bezugspersonen (in der Regel die Eltern). Positive und negative Prägungen durch das Umfeld legen die Grundstrukturen im Verhältnis zur eigenen Person und zu Mitmenschen.

122 Vgl. Roth/Strüber, Wie das Gehirn die Seele macht, a. a. O., S. 63.
123 Vgl. Roth/Ryba, Coaching, Beratung und Gehirn, a. a. O. S. 105 u. S. 335.
124 Vgl. Roth//Strüber, Wie das Gehirn die Seele macht, a. a. O., S. 68. Auf den Hippocampus, den Thalamus und die Basalganglien wird nachstehend nicht weiter eingegangen. Dargestellt sind ausschließlich die Bestandteile, die im unmittelbaren Kontext zum Thema stehen.

Die Basis für die Fähigkeit zur Empathie und zur Feinfühligkeit wird in dieser Dekade gelegt.

Die Entstehung von vornehmlich negativen oder starken Gefühlen wird der Amygdala zugeschrieben.[125] Daher gilt sie als „Zentrum der furcht- und angstgeleiteten Verhaltensbewertung"[126]. Die Amygdala besteht aus drei Teilen: Der cortico-mediale Teil verarbeitet Informationen im Zusammenspiel mit Gerüchen (olfaktorisch gesteuertes Verhalten), sozial wirkende Gerüche (Botenstoffe) eingeschlossen. Der *zentrale* Mandelkern arbeitet in Stresssituationen eng mit dem Hypothalamus zusammen. Dem dritten Teil, dem basolateralen Bereich, wird die emotionale Konditionierung zugeschrieben.

Mit Blick auf die negativen Emotionen wie Furcht und Angst, gilt das mesolimbische System als Kontrahent der Amygdala, da es für die positiven Gefühle verantwortlich ist; es wird als das Belohnungssystem des Gehirns verstanden. Hirneigene Opioide und Cannabinoide, die in der Hirnanhangsdrüse (Hypophyse) oder im Hypothalamus produziert werden, entfalten im mesolimbischen System ihre Wirkung.

Darüber hinaus zeichnet das mesolimbische System positive Auswirkungen von Ereignissen und Handlungen auf. Über die Ausschüttung des Botenstoffs Dopamin erfolgen die Motivation und der Antrieb, positive Zustände zu wiederholen. Die septale Region (Septum) ist eng mit der Amygdala, dem Hypothalamus sowie dem mesolimbischen System verbunden.[127] Ihr obliegen affektiv-vegetative Aufgaben wie beispielsweise in den Bereichen der Nahrungsaufnahme und der Fortpflanzung. In Verbindung mit dem Cortex und dem Hippocampus erfüllt sie kognitive (Aufmerksamkeitssteuerung, Gedächtnisbildung) und motivationale (Lernen) Funktionen.[128]

Der Semantik von *Roth* folgend, kann somit das mesolimbische System auch als „Zentrum der Glücksgefühle" bezeichnet werden.

125 Vgl. Roth/Ryba, Coaching, Beratung und Gehirn, a. a. O. S. 105 f. und S. 335.
126 Roth, Persönlichkeit, Entscheidung und Verhalten, a. a. O., S. 46.
127 Vgl. Roth/Ryba, Coaching, Beratung und Gehirn, a. a. O., S. 106.
128 Vgl. Roth, Entscheidung, Persönlichkeit und Verhalten, a. a. O., S. 46.

3. Die obere Ebene

Die obere limbische Ebene bildet sich langsam bis in das Erwachsenenalter aus. In diesem Bereich sind bewusste Emotionen und Motive sowie die durch Erziehung und Umwelt prägenden Verhaltensmerkmale ansässig. Die Fähigkeit zur Impulssteuerung, das Abwägen von Risiken, die realistische Einschätzung eigenen Handelns und der Aufschub von Belohnungen sind hier verortet.[129]

Die Beschreibung der – modellhaft dargestellten – Ebenen des limbischen Systems gibt einen Einblick in die Komplexität der Vorgänge, von denen Mediationsparteien wenig (wenn überhaupt – E. S.) *bewusst* wahrnehmen. Forschungsergebnisse zeigen, dass der Verstand das Verhalten lediglich zu fünf Prozent steuert. 95 Prozent aller Handlungen werden (unbewusst) durch die oben beschriebenen Lebenserfahrungen und Prägungen vorgenommen. Das Unterbewusstsein reagiert nur im Jetzt; fehlerhafte Einschätzungen oder hinderliche Überzeugungen werden nicht geprüft. Somit lässt sich erahnen, welchen großen Einfluss diese – für Mediandenden als Wahrheit akzeptierten Sichtweisen – in einem Mediationsprozess haben, insbesondere wenn diese unzutreffend sind.[130]

Auf die zu Beginn des Kapitels gestellte Frage, welche Zentren im Gehirn in Konfliktsituationen aktiviert sind, ist zu konstatieren, dass das gesamte „Netzwerk" involviert ist und in einer permanenten Wechselbeziehung steht. *Roth* spricht in diesem Kontext von einem *multizentrischen Netzwerk,* da die unbewussten und bewussten Instanzen immer wieder miteinander korrespondieren[131], um Handlungen (rational) abzuwägen, (emotional) zu bewerten und zu entscheiden.[132]

129 Vgl. Roth/Strüber, Wie das Gehirn die Seele macht, a. a. O., S. 93.

130 Vgl. Lipton, Intelligente Zellen. Wie Erfahrungen unsere Gene steuern, 3. erw. Aufl., Burgrain 2017, S. 154 ff. Zur Nennung der Prozentzahlen: Der Autor bezieht sich auf eine Veröffentlichung von Szegedy-Maszak, Marianne, diese ist unter „weiterführende Literaturhinweise" gelistet.

131 Roth bezeichnet es an dieser Stelle als Wettbewerb der Instanzen. Vgl. Roth, Persönlichkeit, Entscheidung und Verhalten, a. a. O., S. 179.

132 Vgl. Roth, Persönlichkeit, Entscheidung und Verhalten, a. a. O., S. 178 f.

D. Die Eckpfeiler der Mediation

Mit Datum vom 21. Juli 2012 hat der Bundestag das „Gesetz zur Förderung der Mediation und anderer außergerichtlicher Verfahren der Konfliktbeilegung" beschlossen. Die §§ 2 (Verfahren, Aufgaben des Mediators), 3 (Offenbarungspflichten, Tätigkeitsbeschränkungen) und 4 (Verschwiegenheitspflicht) gehen ausführlich auf die Grundsätze der Mediation ein, die in § 1, Abs. 1 (Begriffsbestimmungen) benannt und im Folgenden beschrieben werden.[133]

I. Eigenverantwortlichkeit

Die Eigenverantwortlichkeit der Parteien impliziert, dass die Medianden – und nicht der Mediator – die Lösung des Konfliktes erarbeiten.[134] Dies soll sicherstellen, dass das Ergebnis langfristig die streitenden Akteure zufriedenstellend und der Konflikt nachhaltig beendet wird. Die Parteien sind Experten ihres Konfliktes und können in der Mediation auf ihre persönlichen Interessen fokussieren.[135] In der Verantwortung des

133 Das Mediationsgesetz ist dem Anhang II auf S. 114 zu entnehmen, online im Internet: Gesetz zur Förderung der Mediation und anderer außergerichtlicher Verfahren der Konfliktbeilegung [vom 21.07.2012], veröffentlicht im Bundesgesetzblatt, Jahrgang 2012, Teil 1, Nr. 35 ausgegeben zu Bonn am 25.07.2012). https://www.bgbl.de/xaver/bgbl/start.xav?startbk=Bundesanzeiger_BGBl&start=//*%255B@attr_id=%27bgbl112s1577.pdf% (Zugriff: 16.10.2020).

134 Vgl. Ponschab/Flechsig/Schweizer, Mediation und Litigation, a. a. O., S. 48.

135 Vgl. Feldmann, Formen der alternativen Konfliktbeilegung im Spektrum, hrsg. v. d. FernUniverstität in Hagen, Kursnummer: 71059/2 [Stand 2013], S. 29.

Mediators liegen ausschließlich die Durchführung und die Steuerung des Prozesses.[136]

II. Freiwilligkeit

Der Verfahrensgrundsatz der Freiwilligkeit besagt, dass die Parteien ohne Zwang an der Mediation teilnehmen. Nur mit dem Gebot der Freiwilligkeit lässt sich eine Verhandlungsatmosphäre schaffen, die von Offenheit geprägt ist. Der Mediator ist verpflichtet sich davon zu überzeugen, dass die Medianden tatsächlich freiwillig teilnehmen. Die Mediation kann jederzeit von den Medianden aber auch vom Mediator beendet werden, ohne dass die Parteien einen Nachteil erleiden.[137]

Im Kontext der innerbetrieblichen Mediation ist kritisch anzumerken, dass die betroffenen Parteien in der Regel kaum freiwillig am Verfahren teilnehmen.[138] Dem Direktionsrecht folgend haben Mitarbeiter den Anweisungen des Unternehmens respektive der Führungskraft nachzukommen. Dies legt der § 106 der Gewerbeordnung (Weisungsrecht des Arbeitgebers) fest. Daher kann ein Arbeitgeber die am Streit beteiligten Arbeitnehmer verpflichten, an einer Mediation teilzunehmen. Dem Grundsatz der Freiwilligkeit wird somit nicht Genüge getan. Innerbetriebliche Mediation findet immer unter Einhaltung und Berücksichtigung arbeitsrechtlicher Rahmenbedingungen statt. Die Rechte und Pflichten ergeben sich aus dem Arbeitsvertrag.[139]

Um dennoch eine konstruktive Atmosphäre im Verfahren herzustellen, sollte der Mediator zumindest den Versuch unternehmen, von den Beteiligten das Einverständnis zur Mediation zu erhalten.[140]

136 Vgl. Kals/Ittner, Wirtschaftsmediation, a. a. O., S. 9.

137 Vgl. Kracht, Das Ethos des Mediators, hrsg. v. d. FernUniversität in Hagen, Kursnummer: 71053 [Stand 2013], S. 49. Siehe auch § 2 Abs. 2 Mediationsgesetz.

138 Vgl. Ponschab/Schweizer, Wirtschaftsmediation, T. 1, hrsg. v. d. FernUniversität in Hagen, Kursnummer: 71074/1 [Stand 2006], S. 10.

139 Vgl. Faller/Faller, Innerbetriebliche Wirtschaftsmediation, a. a. O., S. 49.

140 Vgl. Ponschab/Schweizer, Wirtschaftsmediation, T. 1, Stand 2006, S. 11.

III. Informationsgleichheit

Das Verfahrensprinzip der Informiertheit besagt, dass alle Beteiligten den gleichen Informationsstand haben. Die Informiertheit beinhaltet alle Umstände, die für den Konflikt entscheidungsrelevant sein können, einschließlich der Kenntnis über die Rechtslage.[141] Liegen auf Seiten der Beteiligten Fehlinformationen vor, ist eine nachhaltige Befriedung des Konfliktes nicht zu erwarten.[142] Die Verantwortung für die Informationsgleichheit der Medianden obliegt ausdrücklich dem Mediator. Er hat sicherzustellen, dass die Beteiligten zum einen über das Verfahren vollständig informiert sind und zum anderen den notwendigen Sachverstand aufbringen, um das Ergebnis inhaltlich zu verstehen.[143]

IV. Allparteilichkeit

Zu den zentralen Verfahrensgrundsätzen gehört die Neutralität des Mediators. Sie ist die Voraussetzung dafür, dass er von den Medianden akzeptiert wird und seine Autorität als Gestalter des Prozesses behält. Im Kontext der Mediation finden sich die Begriffe Neutralität, Allparteilichkeit und Unabhängigkeit, die sich in Nuancen unterscheiden.[144] Unabhängigkeit und Neutralität werden in § 3 Abs. 1 des Mediationsgesetzes in einem Atemzug genannt. Sie beziehen sich darauf, dass der Mediator oder eine Person in derselben Bürogemeinschaft nicht bereits in der Sache tätig ist oder war. Neutralität meint, dass der Mediator unparteilich agiert,[145] das heißt, dass er keinen der Beteiligten bevorzugt und sich nicht (wie ein Anwalt) nur für die Interessen einer Partei einsetzt.[146] Zur Haltung des Mediators gehört es, nicht parteilich zu denken respektive

141 Vgl. Kracht, Das Ethos des Mediators, a. a. O., S. 56.

142 Vgl. Feldmann, Formen der alternativen Konfliktbeilegung im Spektrum, a. a. O., S. 30.

143 Vgl. Kracht, Das Ethos des Mediators, a. a. O. S. 56.

144 Vgl. Sauerland/Hehn/Runkel-Hehn, Risiken der Streitbeilegung: Jurisprudenz und Mediation im Vergleich, hrsg. v. d. FernUniversität in Hagen, Kursnummer: 71052 [Stand 2009], S. 46.

145 Vgl. Ponschab/Flechsig/Schweizer, Mediation und Litigation, a. a. O., S. 48.

146 Vgl. Schlieffen, Praktische Einführung in die Mediation, hrsg. v. d. FernUniversität in Hagen, Kursnummer: 71051/1 [Stand 2013], S. 29.

zu handeln. Ergreift der Mediator im Verfahren Partei für die eine Seite, muss er sein Engagement für die andere Seite durch eine gleichgewichtige Aktivität ausgleichen.[147] Gleichgewichtiges Engagement meint nicht, dass der Mediator für eine Forderung des Kontrahenten Partei ergreift. Die wechselseitige Unterstützung impliziert, dass der Mediator für die Einhaltung der Regeln im Verfahren eintritt. Er steuert die Kommunikationsprozesse ausgewogen und unterstützt die Beteiligten nach Bedarf.[148]

In Mediationen existieren kaum symmetrische Machtverhältnisse. Verhandlungspositionen und Menschen sind nie gleich.[149]

Es ist zu konstatieren, dass zwischen einer direkten Führungskraft und seinem Mitarbeiter per se ein Machtungleichgewicht existiert, da § 106 der Gewerbeordnung greift.[150] Auch kann der Mediator, der beispielsweise von der Geschäftsleitung beauftragt wird, seinem Auftraggeber nicht neutral gegenüberstehen. Die Neutralität ist – in diesen Fallkonstellationen – zumindest kritisch zu hinterfragen. Um das Vertrauen der Kontrahenten hinsichtlich der Neutralität zu stärken, empfiehlt es sich, Stillschweigen bezüglich der Inhalte gegenüber der Geschäftsleitung zu vereinbaren.[151]

Breidenbach und *Gläßer* schließen eine Mediation im Bereich der sozialen Schutzrechte grundsätzlich aus.[152] Konfliktfälle, die sich im arbeitsrechtlichen Kontext bewegen, sind demnach nicht mediationsfähig. Dieser absolutistischen Auffassung der Autoren wird in der vorgelegten Untersuchung nicht gefolgt. Insbesondere bei Beziehungskonflikten kann die Mediation einen Lösungsrahmen bieten.[153] Dem Mediator obliegt die Aufgabe sorgfältig abzuklären, ob zwischen den Beteiligten ein Machtungleichgewicht vorliegt. Seine Aufgabe ist es, in der Mediation das Un-

147 Vgl. Auferkorte-Michaelis, Die Technik der teilnehmenden Neutralität, hrsg. v. d. FernUniversität in Hagen, Kursnummer: 71065 [Stand 2007], S. 14.

148 Vgl. Montada/Kals, Mediation, a. a. O., S. 64 f.

149 Vgl. Boss/Budde, Mediation von Konflikten um Sozialleistungen, hrsg. v. d. FernUniversität in Hagen, Kursnummer: 71075/2 [Stand 2011], S. 78.

150 Siehe dazu die Hinweise in Kapitel D. II zur Freiwilligkeit im Verfahren.

151 Vgl. Ponschab/Schweizer, Wirtschaftsmediation, T. 1, a. a. O., Stand 2006, S. 11.

152 Vgl. Breidenbach/Gläßer, Die Selbstverantwortung der Konfliktparteien, hrsg. v. d. FernUniversität in Hagen, Kursnummer: 71055 [Stand 2007], S. 43.

153 Berufliche Praxis.

gleichgewicht auszugleichen, ohne dass er seine Neutralität verliert.[154] In diesen Fällen ist es von besonderer Relevanz in der Vorbereitungsphase[155] zu klären, ob die Parteien ernsthaft an einer Lösung interessiert sind und ob sie mediationsfähig sowie mediationsbereit sind.[156]

V. Vertraulichkeit

Der Mediator unterliegt explizit der Pflicht zur Verschwiegenheit gemäß § 4 Mediationsgesetz. Die Vertraulichkeit des Mediators bezieht sich einerseits auf die Geheimhaltung gegenüber Dritten und andererseits gegenüber den Medianden. Letzteres kann in den Fällen eintreten, in denen der Mediator vertrauliche Einzelgespräche mit den Medianden führt.[157] Lösungen können in einer Mediation nur erarbeitet werden, wenn der Raum für eine offene Kommunikation gegeben ist. Befürchten die Parteien, dass die Informationen beispielsweise vor Gericht gegen sie verwendet werden, wird sich kaum eine vertrauensvolle Atmosphäre einstellen. Nur in einem geschützten Bereich lässt sich ein Klima schaffen, in dem Verständnis für die Interessen des Anderen erzielt wird.[158]

Eine Mediation kann – neben den genannten Eckpfeilern – nur dann erfolgreich sein, wenn die Kontrahenten ergebnisoffen in den Prozess gehen. Des Weiteren müssen sie einigungsbereit sein. Sieht eine Partei von vornherein nur eine einzige Lösung, bleibt kein Raum für ein positives Gelingen.[159]

---

154 Vgl. Ponschab/Flechsig/Schweizer, Mediation und Litigation, a. a. O., S. 50.

155 Siehe dazu ausführlicher Kapitel E. I.: Vorbereitung.

156 Vgl. Hlawaty/Lukas, Mediation bei Konflikten in der Arbeitswelt, a. a. O., S. 32 f.

157 Vgl. Kracht, a. a. O., S. 58 f.

158 Vgl. Hartmann, § 44 Sicherung der Vertraulichkeit, in: Haft/Schlieffen: Handbuch der Mediation, 2. Aufl., München 2009, S. 1088 f.; zur Sorge der Kontrahenten, dass sich die Position vor Gericht – durch die offen angesprochenen Streitthemen – verschlechtert und dem Zeugnisverweigerungsrecht vor Gericht vgl. ausführlich Groth, Gibt es „gerichtsfeste" Vertraulichkeit bei der Mediation, in: NJW 2001, H. 5, S. 338.

159 Vgl. Feldmann, Formen der alternativen Konfliktbeilegung im Spektrum, a. a. O., S. 30.

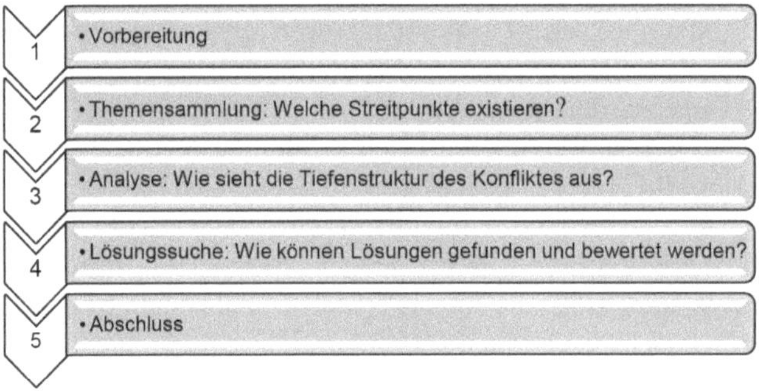

Abbildung 3: Die Phasen der Mediation

Quelle: Angelehnt an: Friedmann/Himmelstein, Konflikte fordern uns heraus: Mediation als Brücke zur Verständigung, Frankfurt am Main 2013, S. 83.

E. Der Ablauf

Mediation ist gemäß Mediationsgesetz (§ 1 Abs. 1) ein strukturiertes Verfahren, welches verschiedene Phasen durchläuft, wobei die Anzahl der Phasen in der Literatur variiert.[160] Gleichwohl sind hinsichtlich der Prozessgestaltung und der Dynamik im Verfahren kaum Unterschiede erkennbar.[161]

Der Prozess und die Besonderheiten im betrieblichen Kontext werden anhand der fünf Phasen nach *Friedmann* und *Himmelstein* beschrieben.

I. Vorbereitung

Für den Erfolg einer Mediation ist die detaillierte Vorbereitung des Verfahrens entscheidend. Diese Phase, die in der Literatur teilweise auch als Prämediation[162] oder als Vorlaufphase[163] beschrieben wird, beinhaltet die

---

160 *Ponschab/Flechsig/Schweizer* geben Modelle mit drei bis acht Phasen an. Vgl. Dies., Mediation und Litigation, a. a. O., S. 46.; Rosner und Winheller benennen drei bis vierzehn Phasen. Vgl. Dies., Mediation und Verhandlungsführung. Theorie und Praxis des wertschöpfenden Verhandelns – nicht nur in Konflikten, in: Systemische Organisationsberatung und Aktionsforschung, Schriftenreihe des Instituts für Aktionsforschung, Bd. 4, hrsg. v. Rosner, München und Mehring 2012, S. 40.

161 Vgl. ebd.; *Hlawaty* und *Lukas* beschreiben ein – auf die Arbeitswelt zugeschnittenes – Mediationsmodell mit drei Phasen, welches insgesamt neun Schritte beinhaltet. Vgl. Dies., Mediation bei Konflikten in der Arbeitswelt, a. a. O., (Übersicht), S. 25–26.

162 Vgl. Proksch, Konfliktmanagement im Unternehmen, a. a. O., S. 55 und Hlawaty/Lukas, Mediation bei Konflikten in der Arbeitswelt, a. a. O., S. 25.

163 Diez, Werkstattbuch Mediation, a. a. O., S. 2. und S. 96–100.

Auftragsklärung,[164] die Analyse des Konfliktes und die Planung der Durchführung.[165] Die innerbetriebliche Konfliktlösung ist dadurch gekennzeichnet, dass es sich um zwei Auftragsebenen handelt: Die Geschäftsleitung, eine Personalabteilung oder eine autorisierte Führungskraft werden der äußeren Ebene zugeordnet. Die Konfliktbeteiligten stellen den inneren Auftrag,[166] sodass die Auftragsklärung auf zwei Ebenen stattfindet.

Im Rahmen des Außenauftrages ist zu erläutern, wie sich die Konfliktsituation darstellt, was im Ergebnis erreicht werden soll und wer an der Mediation teilnimmt, da er beteiligt oder betroffen ist.[167] Damit die hierarchischen Strukturen und auch die Entscheidungsträger für den Mediator deutlich werden, ist die Vorlage eines Organigramms (sofern vorhanden) eine große Hilfe.[168] Des Weiteren ist zu prüfen, ob der Auftraggeber die Legitimation der Unternehmensleitung hat[169] und welche Rolle dieser im Verfahren einnimmt. Folgende Fragen sind zu beantworten:

- Was wurde bisher mit welchem Erfolg wann unternommen?
- Welche Optionen existieren, wenn die Mediation scheitert?

Mit dem Auftraggeber sind weiterhin die Koordination der Schritte, die Dokumentation des Verfahrens und in diesem Zusammenhang die Vertraulichkeit sowie Fragen zur Kostenerstattung zu besprechen.[170]

Anschließend ist die Sicht der Mediaden zu hören. Nur auf diesem Weg kann eine Betrachtung der Gesamtsituation vorgenommen werden. Da Konflikte oft komplexer sind, als sie zunächst scheinen, sind durch Einzelgespräche mit den Beteiligten eine Betrachtung der Situation, die

164 Vgl. Friedmann/Himmelstein, Konflikte fordern uns heraus, a. a. O., S. 83.

165 Vgl. Proksch, Konfliktmanagement im Unternehmen, a. a. O., S. 55 f. Die divergierende Clusterung der Inhalte zu den Überschriften erklärt die abweichende Anzahl der Phasen, wie im vorangegangenen Abschnitt beschrieben.

166 Vgl. Hlawaty/Lukas, Mediation bei Konflikten in der Arbeitswelt, a. a. O., S. 25–36.; Faller/Faller, Innerbetriebliche Wirtschaftsmediation, a. a. O., S. 66.

167 Vgl. Hlawaty/Lukas, Mediation bei Konflikten in der Arbeitswelt, a. a. O., S. 27.

168 Vgl. Diez, Werkstattbuch, a. a. O., S. 97.

169 Sofern die Geschäftsführung nicht als Auftraggeber fungiert.

170 Vgl. Hlawaty/Lukas, Mediation bei Konflikten in der Arbeitswelt, a. a. O., S. 28.

Bereitschaft zur Mediation und dessen Erfolgsaussichten auszuloten.[171] Zur strukturierten Analyse kann in den Vorgesprächen ein Interviewleitfaden eingesetzt werden, der sich insbesondere bei mehreren Beteiligten anbietet. Dieser beinhaltet beispielsweise Fragen nach dem *wahrgenommenen* Zeitpunkt des Konfliktes und nach der konkreten Bereitschaft zur Mediation.[172] Anhang III auf S. 120 zeigt exemplarisch einen Leitfaden.

Liegt bei den Beteiligten die Bereitschaft und die Fähigkeit zur Mediation vor, kommt der Mediator zu dem Schluss, dass der Konflikt mediationsgeeignet ist, sind im Vorgriff auf den Prozess die Beteiligten über den Ablauf und den Inhalt des Verfahrens sowie die Eckpfeiler der Mediation[173] aufzuklären. Darüber hinaus sind die Erwartungen der Beteiligten sowohl mit Blick auf den Mediator als auch mit Blick auf den Prozess zu besprechen.[174] Vor Beginn der Themensammlung empfiehlt es sich, gemeinschaftlich Kommunikationsregeln festzulegen. Diese können – insbesondere in Situationen mit hoher Emotionalität – eine gute Hilfe sein.[175] Von immanenter Bedeutung ist es, eine Vertrauensbasis (Synchronisation) zwischen dem Mediator und den Beteiligten aufzubauen und – insbesondere bei innerbetrieblichen Mediationen – zu prüfen, ob Machtungleichgewichte bestehen.[176] Die erste Phase endet mit dem Abschluss der Mediationsvereinbarung.[177]

II. Themensammlung

In der Themensammlung werden alle Aspekte von beiden Seiten[178] vorgestellt, gesammelt und auf Flipcharts oder/und Pinnwänden visuali-

171 Vgl. Proksch, Konfliktmanagement im Unternehmen, a. a. O., S. 56.
172 Vgl. Faller/Faller, Innerbetriebliche Wirtschaftsmediation, a. a. O., S. 70 f.
173 Siehe Kapitel D.
174 Vgl. Ponschab/Flechsig/Schweizer, Mediation und Litigation, a. a. O., S. 47.
175 Vgl. Diez, Werkstattbuch Mediation, a. a. O., S. 167.
176 Zum Ausgleich von Machtungleichgewichten vgl. Kapitel D. IV.: Allparteilichkeit.
177 Vgl. Ponschab/Flechsig/Schweizer, Mediation und Litigation, a. a. O., S. 47–56.
178 Zur vereinfachten Darstellung des Ablaufs, wird in der vorgelegten Arbeit auf einen Konflikt zwischen zwei Personen abgestellt.

siert.[179] In dieser Phase kann – aufbauend auf den Ergebnissen aus den Interviews, unter Beachtung der gebotenen Vertraulichkeit – die Themensammlung um Informationen und Ergänzungen der Beteiligten angereichert werden.[180] Es empfiehlt sich, in der gesamten Mediation mit Visualisierungstechniken zu arbeiten. Diese dienen nicht nur dazu, den Überblick zu wahren; Visualisierung ist ein probates Mittel, die Dynamik in emotional aufgeladenen Situationen abzuschwächen. Dabei hat der Mediator darauf zu achten, dass die Formulierungen positiv oder zumindest neutral gewählt sind, da negative Äußerungen das Unterbewusstsein beeinflussen und eine destruktive Auswirkung auf den Prozess haben können.[181]

Ziel der zweiten Phase ist es, gemeinsam einen Überblick über die lösungsrelevanten Inhalte der Auseinandersetzung zu erhalten.[182] Zu diesem Zweck werden mit den Beteiligten nicht nur die Reihenfolge der Themenbearbeitung fixiert, sondern auch die Übereinstimmungen und Abweichungen in den Konfliktthemen.[183] Methodisch lässt sich die Agenda beispielsweise durch eine Punktabfrage klären.

Es ist anzumerken, dass die Zerlegung des Konfliktes in einzelne Themen zur Reduktion der Komplexität beiträgt. Da das Arbeitsgedächtnis im Gehirn nicht mehr als sieben Informationseinheiten (plus/minus zwei) verarbeiten kann,[184] gebührt einer sorgfältigen Strukturierung der Konfliktthemen die notwendige Zeit.

---

179 Vgl. Hlawaty/Lukas, Mediation bei Konflikten in der Arbeitswelt, a. a. O., S. 37 f.

180 Vgl. Proksch, Konfliktmanagement im Unternehmen, a. a. O., S. 59.

181 Vgl. Lenz, Visualisierung in, Mediation und Konfliktmanagement, hrsg. von Trenczek/Berning/Lenz, a. a. O., S. 393 f. Zur Umformulierung in positive oder neutrale Aussagen vgl. Diez, Werkstattbuch Mediation, a. a. O., S. 181 f.

182 Vgl. Hlawaty/Lukas, Mediation bei Konflikten in der Arbeitswelt, a. a. O., S. 37 f.

183 Vgl. Rosner/Winheller, Mediation und Verhandlungsführung, a. a. O., S. 41.

184 Vgl. Ponschab/Schweizer, Kooperation statt Konfrontation. Neue Wege anwaltlichen Verhandelns, 2. Aufl., Köln 2010, S. 230. Die These, dass das Gehirn Kapazitätsgrenzen hat, geht auf die Studie von George Miller: The Magical Number Seven, Plus or Minus Two: Some Limits on our Capacity for Processing Information aus dem Jahre 1956 zurück. Siehe dazu auch den Aufsatz von Miller online im Internet: http://psychclassics.yorku.ca/Miller/(Zugriff: 16.10.2020).

III. Analyse

Im Fokus der Analysephase steht das Herausarbeiten der Tiefenstruktur des Konfliktes. Aufgabe des Mediators ist es, herauszufinden, was genau, weshalb oder wofür etwas den Beteiligten wichtig ist. Wie sind die Zusammenhänge? Wo liegen die Ursachen und welche Wirkungen sind zu erkennen? Geht es den Kontrahenten tatsächlich um den benannten Streitgegenstand?[185] Um diese Fragen methodisch zu beantworten, wird nach herrschender Meinung das Harvard-Konzept als immanenter Baustein der Mediation in der Praxis eingesetzt. In diesem Modell, welches vor mehr als 30 Jahren – ursprünglich als (faire) Verhandlungsform für den Wirtschaftsbereich konzipiert war –,[186] plädieren die Autoren *Fisher* und *Ury* dafür, Menschen und Probleme getrennt voneinander zu behandeln. Bezogen auf die Mediation heißt das, die Sachebene von der Beziehungsebene zu trennen und sich intensiv um die Emotionen und die Bedürfnisse der Medianden zu kümmern. Interessen (Menschen) sind gesondert von den Positionen (Probleme) der Medianden zu behandeln; nachhaltige Konfliktlösungen sind nur auf der Interessenebene möglich.[187]

Was sind Bedürfnisse, Interessen oder Positionen und wie können diese in der Mediation herausgearbeitet werden? Antworten auf die Fragen geben die nachfolgenden Abschnitte.

1. Bedürfnisse, Motive und Interessen

Bedürfnisse werden nach *Heckhausen H.* wie folgt definiert:

> „Bedürfnis ist ein … Mangel- oder Störungszustand …, der einen unspezifischen Trieb …, mit verhaltensaktivierender Funktion hervorruft."[188]

185 Vgl. Hlawaty/Lukas, Mediation bei Konflikten in der Arbeitswelt, a. a. O., S. 38.

186 Vgl. Diez, Werkstattbuch Mediation, a. a. O., S. 115.

187 Vgl. Fisher/Ury/Patton, Das Harvard-Konzept. Der Klassiker der Verhandlungstechnik, limit. Sonderaufl., Frankfurt am Main 2014, S. 47–75.

188 Heckhausen, Entwicklungslinien der Motivationsforschung, in: Heckhausen, J./Heckhausen, H. (Hrsg.), Motivation und Handeln, 4., überarb. u. erw. Aufl., Berlin, Heidelberg 2010, S. 32.

Bedürfnisse[189] liegen auf der psychosozialen Ebene und sind für die Konfliktbeteiligten nicht offen zu erkennen. Sie sorgen bei Erfüllung für Zuversicht und Vertrauen. Werden Bedürfnisse nicht erfüllt, kann dies zu Störungen auf der Beziehungsebene führen.[190]

Die Begriffe Bedürfnisse, Motive, Interessen oder Leitwerte werden in der Literatur oftmals synonym verwendet. *Ponschab* und *Schweizer* gehen davon aus, dass Leitwerte, Motive oder Interessen das Verhalten steuern.[191] *Fisher, Ury* und *Patton* vertreten die Ansicht, dass die Lösung der Verhandlung auf der Interessenebene in dem Erkennen der Bedürfnisse aller Beteiligten liegt.[192] Nach diesem Verständnis sind die Interessen gleichgesetzt mit den Bedürfnissen. Auch *Diez* verwendet die Begriffe Interessen und Bedürfnisse synonym.[193] Eine semantische Trennung der Begriffe Motiv und Bedürfnis lässt sich aus den Ausführungen von *Roth* ableiten. Ein Bedürfnis nach Nähe entspringt dem Motiv „Anschluss".[194] Folgt man dieser Ausführung, sind die Bedürfnisse den Motiven untergeordnet. Ein vergleichbares Resümee ist den Ausführungen von *Scheffer* und *Heckhausen* zu entnehmen. Demnach sind Bedürfnisse terminologisch breiter aufgestellt als Motive. Dem Motiv „Anschluss" werden Bedürfnisse wie Zugehörigkeit und Wärme zugeordnet.[195]

Abschließend bleibt festzustellen, dass es nicht nur an einer trennscharfen Begriffsbestimmung mangelt; die Anzahl der Motive oder Bedürfnisse variiert ebenfalls. Nach *McCelland* existieren beispielsweise nur die drei Motive Leistung, Anschluss und Macht, die handlungsleitend sind.[196]

---

189 Vgl. auch die Beschreibung der Bedürfnisse nach *Maslow*, Kapitel B. III. 1.

190 Vgl. Langmaack, Einführung in die themenzentrierte Interaktion. Das Leiten von Lern- und Arbeitsgruppen erklärt und praktisch angewandt, 5., vollst. überarb. Aufl., Weinheim, Basel 2011, S. 56 f.

191 Vgl. Ponschab/Schweizer, Kooperation statt Konfrontation, a. a. O., 2010, S. 248.

192 Vgl. Fischer/Ury/Patton, Das Harvard-Konzept, a. a. O., S. 86 f.

193 Vgl. Diez, Werkstattbuch Mediation, a. a. O., S. 115–119.

194 Vgl. Roth, Persönlichkeit, Entscheidung und Verhalten, a. a. O., 2011, S. 249.

195 Vgl. Scheffer/Heckhausen, H., Eigenschaftstheorien der Motivation in: Heckhausen, J./Heckhausen, H. (Hrsg.), Motivation und Handeln, a. a. O., S. 55.

196 Vgl. Holondynski, Entwicklung der Motive, in: Handbuch der Allgemeinen Psychologie – Motivation und Emotion, Bd. 11, hrsg. v. Brandstätter/Otto, Göttingen 2009, S. 273–276.; siehe auch ausführlich zu den Motivationstheorien: Scheffer/Heckhausen, H., Eigenschaftstheorien der Motivation in: Heckhausen, J./Heckhausen, H. (Hrsg.), Motivation und Handeln, a. a. O., Kapitel 3. S. 53–72.

In der vorgelegten Arbeit wird dem Verständnis von *Roth*, *Scheffer* und *Heckhausen* gefolgt (Bedürfnisse sind den Motiven untergeordnet), auch wenn die semantische Trennung keine Relevanz für die Frage, was das Verhalten insbesondere in Konfliktsituationen determiniert, hat. Bei aller sprachlichen Abgrenzung wird nach Motiven, Interessen oder Bedürfnissen immer mit Warum oder Wozu gefragt.[197] Das in der Literatur diskutierte Klassifikationsproblem[198] ist von ungeordneter Relevanz im Kontext der Mediation. Bedürfnisse und Interessen werden gleichgesetzt.

Neurobiologisch lässt sich die Frage: „*Warum* oder *Wozu* verhält sich jemand in bestimmten Lebenssituationen so?" mit den in Aussicht stehenden Belohnungseffekten im Gehirn beantworten. Positive Gefühle lösen eine Ausschüttung verschiedener Substanzen im Gehirn aus. Neben dem Botenstoff Serotonin, der beruhigende und aggressionshemmende Wirkung hat, werden endogene Opiate (Neuropeptide) wie beispielsweise Endorphine, Enkephaline, Prolaktin oder Oxytocin freigesetzt. Im Kontext der Frage, wie Verhalten durch Motive gesteuert wird, kommt der Ausschüttung des Botenstoffes Dopamin eine herausragende Bedeutung zu. Exogene oder endogene Ereignisse werden überwiegend in der Amygdala und im mesolimbischen System[199] wahrgenommen. Die Erlebnisse führen insbesondere dann zu einer verhaltenssteuernden Wirkung, wenn eine Belohnung *erwartet* wird. Nicht das Eintreten des Ereignisses sorgt für eine Dopaminausschüttung, sondern die *Hoffnung* auf eine Belohnung. Im Ergebnis lässt das den Schluss zu, dass der Botenstoff das Verhalten steuert, um eine Belohnung zu erhalten oder die Ausschüttung dazu führt, das Verhalten in die Richtung zu lenken.[200]

---

197 Vgl. Meffert, Marketingforschung und Käuferverhalten, 2., vollst. überarb. u. erw. Aufl., Wiesbaden 1992, S. 52 u. Mähler/Mähler, § 19 Familienmediation, in: Handbuch Mediation, hrsg. v. Haft/Schlieffen, a. a. O., S. 474.

198 Siehe dazu Scheffer/Heckhausen, H., Eigenschaftstheorien der Motivation in: Heckhausen, J./Heckhausen, H. (Hrsg.), Motivation und Handeln, a. a. O., S. 53–59.

199 Im mesolimbischen System befinden sich die Zellgruppen, die Dopamin produzieren.

200 Vgl. Roth, Persönlichkeit, Entscheidung und Verhalten, a. a. O., 2011, S. 245–248.

2. Trennung von Positionen und Interessen

Eine Konfliktlösung wird nicht dadurch erreicht, dass die Kontrahenten sich widersprechen und ihre Standpunkte (Positionen) verteidigen, sondern dass sie den Streit auf einer *höheren* Ebene (Werte, Interessen), wie Schweizer in Anlehnung an die neurologischen Ebenen von *Dilts* formuliert, lösen.[201]

Dass das Verhandeln um Positionen nicht zielführend ist, zeigen folgende Erkenntnisse:

- Je länger um Positionen gefeilscht wird, umso stärker identifiziert sich die Konfliktpartei damit. Infolgedessen hat sie Schwierigkeiten – ohne Ansehensverlust – Zugeständnisse zu machen oder von der gefestigten Position zurückzutreten.[202] Mit anderen Worten: Es kommt zu Verstrickungen, die in irrationalem Verhalten münden. Die Parteien können verlorene Kosten nicht von Investitionen, die noch zu retten sind, trennen.[203] Die Konflikteskalation wird in Kauf genommen, obwohl der Streitwert dies nicht rechtfertigt.[204] Dies trifft insbesondere auf Männer zu, wie *Rubin* bereits 1978 in einem Experiment zeigte.[205]
- Das Feilschen um Positionen kostet Zeit, da beide Seiten in der Regel zu Beginn mit Extremen arbeiten, um das Beste auszuhandeln. Der Verhandlungspartner wird über die wahre Position im Unklaren gelassen. Taktisch erfolgen immer wieder kleine Zugeständnisse, die von der Gegenseite geprüft und entschieden werden müssen. Darüber hinaus belastet das Verhandeln auf Positionsebene die Beziehungsebene der Beteiligten, denn letztlich kommt es für jeden Einzelnen nur darauf an, seinen Willen – auf Kosten der Bedürfnisse des Anderen – durchzuset-

201 Vgl. Schweizer, Konflikte und wie wir sie lösen, Kursnummer: 71059/1 [Stand 2007], hrsg. v. d. FernUniversität in Hagen, S. 64–67. Vgl. dazu auch die Darstellung im Anhang VIII auf S. 125.

202 Vgl. Fischer/Ury/Patton, Das Harvard-Konzept, a. a. O., S. 31.

203 Vgl. Haft, § 4, Intuitive und rationale Verhandlung, in: Handbuch der Mediation, hrsg. v. Haft/Schlieffen, a. a. O., S. 104.

204 Vgl. Klinger/Bierbrauer, § 5 Sozialpsychologie des Verhandelns, in: Handbuch der Mediation, hrsg. v. Haft/Schlieffen, a. a. O., S. 132.

205 Vgl. Brockner/Rubin, Entrapment in Escalating Conflicts. A Social Psychological Analysis, New York 1985, S. 35 f.

zen.[206] Dies gilt insbesondere vor dem Hintergrund, dass Menschen in Konfliktsituationen oftmals nur die Kategorien gewinnen oder verlieren als Option sehen. Dass es in Konflikten ein kooperatives Verhandlungsergebnis geben kann – und nicht nur ein *Nullsummenspiel*[207] – bleibt unerkannt.[208] Infolgedessen eröffnet das Verhandeln um Positionen häufig nur eine Lösung.[209]

- Aus neurobiologischer Sicht wird, aus den Ausführungen in Kapitel E. III. 1.der Schluss gezogen, dass die Verhandlung um Positionen nicht nachhaltig sein kann, da der Erfüllung kein Belohnungseffekt innewohnt. Dies lässt sich wie folgt begründen: Entweder wird die *Erwartung* darauf, dass ein Aufleben des Konfliktes das faktische Bedürfnis (doch) befriedigen kann, eine nachhaltige Lösung verhindern oder die Ausschüttung des Botenstoffes Dopamin sorgt dafür, dass die Parteien in den nächsten Konflikt laufen.

Die Vorteile einer interessenbasierten Konfliktlösung – im Vergleich von Lösungen auf der Positionsebene – stellen sich wie folgt dar:

- Es lassen sich oft mehrere Optionen generieren,[210] denn in der Mediation wird das Denken der Mediaden nicht in die Kategorien richtig oder falsch gelenkt.
- Der Fokus der Mediation liegt auf den Möglichkeiten wie auf den Unmöglichkeiten, auf den Notwendigkeiten und auf den Wünschen der Beteiligten. Es wird herausgearbeitet, welche Interessen *gemeinsam* bestehen und welche Anliegen neutraler Natur sind.[211]

206 Vgl. Fischer/Ury/Patton, Das Harvard-Konzept, a. a. O., S. 33 f.
207 Nullsummenspiel meint: Der Verlust der einen Partei ist gleichzeitig der Gewinn der Gegenpartei. Vgl. Breidenbach, Mediation, a. a. O., S. 71.
208 Vgl. Klinger/Bierbrauer, § 5 Sozialpsychologie des Verhandelns, in: Handbuch der Mediation, hrsg. v. Haft/Schlieffen, a. a. O., S. 126.
209 Vgl. Mähler/Mähler, § 19 Familienmediation, Handbuch der Mediation, hrsg. v. Haft/Schlieffen, a. a. O., S. 474.
210 Vgl. ebd.
211 Vgl. Mähler/Mähler, Mediation – Eine interessengerechte Konfliktregelung, in: Mediation für Juristen, hrsg. v. Breidenbach/Henssler, Köln 1997, S. 19.

- Eine Lösung auf der Interessenebene hat die Zukunft im Blick; eine Verhandlung[212] auf Positionsebene ist vergangenheitsorientiert und auf die juristischen Fragen, wer was aus welchem Rechtsgrund verlangen kann, fokussiert.[213]
- Die Trennung der Positionen von den Interessen öffnet den Weg, die problemorientierte Sicht zu verlassen und in ein lösungsorientiertes Denken einzusteigen.[214]

Wie im Kapitel E. III. erläutert, ist das Harvard-Konzept tragend für die Mediation. Daher gilt die Frage zu beantworten, welche Bedürfnisse nach Auffassung von *Fisher*, *Ury* und *Patton*, Menschen motivieren und im Konflikt relevant sein können.

Nach Meinung der Autoren handelt es sich um fünf Interessen, deren Parallelen zur Bedürfnispyramide nach *Maslow*[215] offensichtlich sind:

- Sicherheit
- Zugehörigkeit
- wirtschaftliches Auskommen
- Anerkennung
- Autonomie[216]

---

212 *Ponschab* und *Schweizer* sprechen von feilschen und nicht von verhandeln. Vgl. Dies., Die Streitzeit ist vorbei. Wie Sie mit Wirtschaftsmediation schnell, effizient & kostengünstig Konflikte lösen, Paderborn 2004, S. 195.

213 Ponschab/Schweizer, Die Streitzeit ist vorbei, a. a. O., 2004, S. 188. Das Beharren auf Positionen ist kennzeichnend für die juristische Art, Konflikte zu lösen. Vgl. Ponschab, 5. Teil Verhandlungsführung, oder: Wie bekommt jeder, was er will, in: Schlüsselqualifikationen. Kommunikation, Mediation, Rhetorik, Verhandlung, Vernehmung, hrsg. v. Ponschab/Schweizer, bearbeitet von Greiter et al., Köln 2008, S. 179.

214 Vgl. Dies., Die Streitzeit ist vorbei, a. a. O., 2004, S. 195.

215 Vgl. Kapitel B. III. 1.

216 Vgl. Fischer/Ury/Patton, Das Harvard-Konzept, a. a. O., S. 86 f.

3. Neun Interessen nach Schweizer

Schweizer kommt zu dem Schluss, dass es insgesamt neun Interessen oder abstrakte Ziele sind, nach denen Menschen streben und die letztlich den Konflikt bestimmen. Dabei handelt es sich um die Leitwerte:[217]

- Freiheit
- Macht
- Integrität
- Sicherheit
- Harmonie
- Fürsorge
- Anerkennung
- Intensität
- Neugier[218]

Die neun Interessen zeigen eine deutliche Analogie zu den Bedürfnissen, die im Harvard-Konzept[219] benannt werden, worauf sich *Schweizer* gleichermaßen beruft. Jedem einzelnen Leitwert sind eine Rolle, eine Grundüberzeugung, eine handlungsleitende Sorge und eine Denkkategorie zugeordnet. Schafft der Mediator es, den Mediananden *wirklich* zuzuhören, lässt sich aus den Aussagen – in Verbindung mit den Attributen – ableiten, was das übergeordnete Motiv (Interesse) ist. Darüber hinaus gibt *Schweizer* eine Hilfestellung, wie mit dem Menschen, der diesem Leitwert folgt, umzugehen ist.[220] Die nachfolgende Tabelle gibt (in gekürzter Form) die übergeordneten Ziele, die Überzeugung, die Denkkategorie und die mit dem Interesse verbundene Sorge wieder.

---

217 *Schweizer* spricht wechselweise von Interessen, Leitwerten und von abstrakten Werten oder Zielen. Vgl. § 6 Kooperatives Verhalten – Die Alternative zum (Rechts-)Streit in: Handbuch der Mediation, hrsg. v. Haft/Schlieffen, a. a. O., S. 146–148. Kapitel B. II. 3. stellt einzelne Werte dar, die semantisch den Interessen nach *Schweizer* entsprechen. Gleichwohl werden Begriffe wie religiöse Orientierung, Leistungsorientierung oder Solidarität genannt, die sich nicht so ohne Weiteres auf die Leitwerte nach *Schweizer* übertragen lassen. Dies bestätigt erneut, dass die Begriffe nicht einheitlich verwendet werden.

218 Ebenda, S. 148.

219 Siehe auch vorangegangener Abschnitt.

220 Vgl. Schweizer, § 14 Techniken des Mediators, in: Handbuch der Mediation, hrsg. v. Haft/Schlieffen, a. a. O., S. 348–352.

Interesse	Überzeugung	Denkkategorie	Sorge
Freiheit	„Ich will machen, was ich will!"	Zukunfts- und lösungsorientiert	„Immer bekommen die anderen das, was ich möchte!"
Sicherheit	„Ich darf keine Fehler machen!"	Vergangenheits- und problemorientiert	„Wenn ich nicht auf alles vorbereitet bin, geht es schief!"
Anerkennung	„Sag mir, dass ich gut bin!"	Vergangenheitsorientiert, verwandelt Probleme in Lösungen	„Ich werde nur für meine Leistungen geliebt."
Macht	„Ich möchte, dass Du das tust!"	Vergangenheits-, gegenwarts- und zukunftsorientiert, lösungsorientiert	„Ich werde betrogen, deshalb muss ich alles unter Kontrolle haben."
Harmonie	„Ich möchte, dass sich alle gutfühlen!"	Gegenwartsorientiert, vermeidet Probleme	„Ich bin nicht wichtig!"
Intensität	„Ich will jetzt Spaß haben!"	Gegenwartsorientiert, Probleme werden aktiv gesucht, um Spaß bei Lösungsversuchen zu haben	„Niemand sorgt für mich!"
Integrität	„Ich will nach meinem eigenen Lebensplan (...) handeln!"	Zukunfts- und lösungsorientiert	„Wenn ich nicht perfekt bin, kann ich nicht bestehen!"
Fürsorge	„Wo kann ich helfen!"	Gegenwarts- und lösungsorientiert	„Ich bin nur etwas wert, wenn ich mich für andere aufopfere!"
Neugier	„Wie funktioniert das genau!"	Vergangenheitsanalyse, um die Zukunft zu gestalten	„Ich bin unfähig und nutzlos!"

Tabelle 1: Interessen, Überzeugung, Denkkategorie und Sorge

Quelle: Angelehnt an: Ponschab/Schweizer, Kooperation statt Konfrontation, a. a. O., 2010, S. 248–252.

4. Die Wirklichkeit der Mediandeن

Jeder Mensch (respektive jedes Gehirn) nimmt Informationen anders auf und beurteilt diese nach den persönlichen Leitwerten. Verhalten basiert auf der Bewertung eigener (innerer) Präferenz.[221] Daraus folgt, dass die Interessen die Wirklichkeit der Medianden konstruieren, da sie die

221 Vgl. Sperry, Naturwissenschaft und Wertentscheidung, München 1985, S. 88.

Wahrnehmung beeinflussen.[222] Mit anderen Worten: Jeder Mensch hat ein anderes Konstrukt der Realität. Die Wahrnehmung des Mediandenist die persönliche Wirklichkeit, die nur er alleine kennt. Sie ist zu einem großen Teil aus den Lebenserfahrungen generiert.[223] Den Erkenntnissen der Sozialpsychologie zufolge verfügen Menschen nur über eine begrenzte kognitive Kapazität, dessen sie sich nicht bewusst sind. Sie halten ihre Wirklichkeit für die *einzige* und objektiv *richtige* Wahrheit. Werden die Beteiligten mit der Wirklichkeit der Gegenpartei konfrontiert, gehen sie davon aus, dass diese einem ideologischen Irrtum unterliegt, die Wahrnehmung verzerrt ist oder egoistische Eigeninteressen verfolgt. Das Phänomen verstärkt sich, wenn wenige Informationen über die Person vorliegen, da das Defizit – unbewusst – mit Annahmen gefüllt wird. Der begrenzten Wahrnehmung unterliegen Medianden und Mediatoren gleichermaßen. Auch sie sind nicht davor gefeit, ihre eigene Vorstellung in die Verhandlung zu projizieren und laufen in die Gefahr, das Konfliktgeschehen nicht genügend auszuloten. Vorschnelle Konfliktlösungen der Medianden, die in der Zuversicht getroffen werden, dass die eigenen Wünsche den Vorstellungen der Gegenpartei entsprechen *müssen*, beinhalten das Risiko einer Eskalation. Hier ist die Fähigkeit des Mediators, behutsam zu vermitteln, besonders gefordert.[224]

Hüther zieht den Schluss, dass es nicht die Menschen sind, die miteinander Schwierigkeiten haben; es sind die gegensätzlichen Überzeugungen und inneren Bilder, die das Ergebnis von Lebenserfahrungen spiegeln und in den Köpfen vorherrschen. Neurobiologisch betrachtet bedeutet das, dass Erlebnisse dazu führen, dass Verschaltungsmuster zwischen den Nervenzellen verankert werden. Sind diese implementiert, wird im Erregungszustand ein Muster abgerufen, das Denken, Fühlen und Handeln determiniert.[225] Die Fähigkeit des Gehirns, neue Wahrnehmungen in neuen Verschaltungsmustern zu verankern, ist sehr gut entwickelt. Grundsätzlich sind Menschen in der Lage, ihre Vorstellungen mit den Aktivitätsmustern der inneren Bilder abzurufen, zu vergleichen und diese zu verändern. Die Bereitschaft, Sinneseindrücke mit den in-

222 Vgl. Ponschab, 5. Teil Verhandlungsführung, Oder: Wie bekommt jeder, was er will, a. a. O., 2008, S. 182.

223 Vgl. Rogers, Die klientenzentrierte Gesprächspsychotherapie, 17. Aufl., Frankfurt am Main 2005, S. 418 f.

224 Vgl. Klinger/Bierbrauer, § 5 Sozialpsychologie des Verhandelns, in: Haft/von Schlieffen: Handbuch der Mediation, a. a. O., S. 120 f.

225 Vgl. Hüther, Was wir sind und was wir sein könnten, a. a. O., S. 66 f.

neren Bildern, die im assoziativen Bereich des Cortex[226] gespeichert sind, abzugleichen und zu ändern, nimmt im Kontext des Glaubens ab, etwas Neues zu lernen. Verstärkt wird das Phänomen dadurch, dass mehrfach erlebt wurde, Neues sei entweder nutzlos oder bedrohlich. Im neuronalen Verschaltungsmuster ist diese Erkenntnis als übergeordnetes und gefestigtes Bild abgespeichert.

Haben Menschen umgekehrt die Lernerfahrung gemacht, dass der fortwährende Vergleich ihrer abgespeicherten inneren Bilder und dessen Neubewertung hilft, Situationen besser zu bewältigen, bleibt die Flexibilität im Gehirn erhalten. Sie haben gelernt, dass sich der Abruf und Abgleich der Bilder lohnen kann. Somit kann der Mediator in Konfliktsituationen auf Menschen treffen, die keine Bereitschaft zeigen, ihr übergeordnetes Bild zu verändern. Ihre Haltung ist rigide. Sie befürchten ihr inneres Gleichgewicht zu stören, während andere offen für neue Denk- und Verhaltensmuster sind.[227]

5. Methoden der Interessenfindung

In den vorangegangenen Abschnitten wurde ausgeführt, wie essentiell es für die Konfliktlösung ist, die Interessen der Medianden herauszuarbeiten. Der Mediator hat zu verdeutlichen, dass es eine Lösung jenseits des Nullsummenspiels geben kann – ein Ergebnis auf Interessenebene.[228] Ebenfalls gilt es, die Parteien in der Analysephase[229] zur direkten Kommunikation anzuregen. Haben die Medianden sich in der Themensammlung noch *über* den Mediator mitgeteilt, werden sie danach zur unmittelbaren Ansprache geleitet. Die direkte Kommunikation ist besonders

226 Der Cortex oder Cortex cerebi wird in sensorische, motorische und assoziative Felder unterteilt. Das assoziative Feld verbindet die Informationen aus den sensorischen und motorischen Bereichen. In Kombination mit dem Gedächtnis werden komplexere Informationen im Gehirn generiert. Vgl. Roth, Persönlichkeit, Entscheidung und Verhalten, a. a. O., 2011, S. 38–42. Vgl. auch Ausführungen in Kapitel C. II.: Aufbau des Gehirns.

227 Vgl. Hüther, Die Macht der inneren Bilder. Wie Visionen das Gehirn, den Menschen und die Welt verändern, Göttingen 2014, S. 78–81.

228 Vgl. Breidenbach, a. a. O., S. 87.

229 Die Analysephase wird in der Literatur auch als Konfliktbearbeitung oder Konflikterhellung bezeichnet. Vgl. Besemer, Mediation, a. a. O., S. 112–119 (Konfliktbearbeitung) und Faller/Faller, Innerbetriebliche Wirtschaftsmediation, a. a. O., S. 136 f. (Konflikterhellung).

wichtig, wenn die Parteien ihre Bedürfnisse äußern, da sie die Gegenpartei emotional stärker bewegt und zur direkten Reaktion auffordert.

Welche Technik vom Mediator angewendet wird, ist abhängig von der Methodenkompetenz, vom Prozess und von den Konfliktparteien.[230] Um die Interessen der Medianden zu erfahren, bedarf es einer guten Fragetechnik.[231] Demnach sind Interventionen oder Methoden anzuwenden, die widerstandsfrei von den Medianden aufgenommen werden und die Konfliktklärung fördern.[232]

a) Meta-Modell

Wie bereits ausgeführt, lebt jeder Mensch in seiner eigenen – für ihn realen – Welt. *Bandler* und *Grinder* nehmen den von *Korzybski* geprägten Satz: „Die Landkarte ist nicht das Gebiet"[233] auf und sprechen von Repräsentationssystemen, die sich vom Gebiet unterscheiden. Die Abbildung des Gebietes erfolgt in der menschlichen Sprache durch Generalisierungen, Tilgungen und Verzerrungen.[234] Die Autoren haben ein Meta-Modell[235] der Sprache entwickelt, welches den Mediator in die Lage versetzt, durch *richtiges* Nachfragen die Wirklichkeit der Medianden vollständig zu begreifen.[236]

In der Sprache der Linguisten ausgedrückt heißt das, die (unbewusste) Tiefenstruktur (Interessen) des Gesagten zu erfassen. Diese ist analog den Gedanken und den damit einhergehenden Gefühlen. Die Oberflächenstruktur (Landkarte) entspricht dem, was faktisch ausgesprochen wird (Positionen). Sie ist inkongruent zur Tiefenstruktur (Gebiet), da die menschliche Sprache nicht in der Lage ist, Gedanken in allen Facetten wiederzugeben.[237]

230 Vgl. Besemer, Mediation, a. a. O., S. 108–119.

231 Vgl. Ponschab/Schweizer, Die Streitzeit ist vorbei, a. a. O., 2004, S. 197.

232 Vgl. Besemer, Mediation, a. a. O., S. 119.

233 Vgl. Dilts, Die Magie der Sprache, 5. Aufl., Paderborn 2016, S. 21.

234 Vgl. Bandler/Grinder, Kommunikation und Veränderung. Die Struktur der Magie II, 9., neu übers. Aufl., Paderborn 2010, S. 7 f.

235 Das Meta-Modell ist das Spiegelbild des Milton-Modells. Vgl. O' Connor/Seymour, Neurolinguistisches Programmieren: Gelungene Kommunikation und persönliche Entfaltung, 20. akt. u. verb. Aufl., Kirchzarten bei Freiburg 2010, S. 186. Siehe auch Kapitel E. III. 5. b.

236 Vgl. Ponschab/Schweizer, Wirtschaftsmediation, T. 2, a. a. O., Stand 2006, S. 34 f.

237 Vgl. O' Connor/Seymour, Neurolinguistisches Programmieren: Gelungene Kommunikation und persönliche Entfaltung, 20. aktualisierte und verbesserte Aufl.,

(1) Tilgung

Die Medianden reduzieren ihre Landkarte auf das Wesentliche.[238] Aus der Tiefenstruktur wird nur ein Teil kommuniziert.[239] Dies erfolgt beispielsweise durch den unspezifischen Einsatz von Verben oder Substantiven oder durch Vergleiche, denen der Bezugsrahmen (unvollständige Vergleiche) fehlt.[240]

(2) Generalisierung

Aus einer (schlechten) Erfahrung wird in vergleichbarer Situation der Schluss auf die (schlechte) Folgeerfahrung gezogen. Kennzeichnend für den Sprachgebrauch sind verallgemeinernde Wörter wie immer, überall oder grundsätzlich.[241] Vereinfacht ausgedrückt: Eine Erfahrung wird entsprechend auf eine vergleichbare Situation übertragen. In den Bereich der Generalisierung fallen die Modaloperatoren, also Verben, die andere Verben näher bestimmen.[242]

Innerhalb der Modaloperatoren wird zwischen der Möglichkeit und der Notwendigkeit unterschieden. Modaloperatoren der Möglichkeit bringen Grenzen oder Verhaltensregeln zum Ausdruck, von denen der Mediand annimmt, sie nicht übertreten zu dürfen. Modaloperatoren der Notwendigkeit wirken wie eine Richtschnur oder Handlungsanweisung[243] ohne Mitteilung darüber, woher die Annahme rührt. Zudem scheint der Mediand keine Wahl zu haben, was durch Signalwörter wie müssen, notwendig oder sollten kenntlich gemacht wird.[244]

Kirchzarten bei Freiburg 2010, S. 152 f.

238 Vgl. Ponschab/Schweizer, Wirtschaftsmediation, T. 2, a. a. O., Stand 2006, S. 36.

239 Vgl. O' Connor/Seymour, Neurolinguistisches Programmieren, a. a. O., S. 154.

240 Vgl. Dörrenbächer, § 15 Erfolgreiche Kommunikation, in: Handbuch der Mediation, hrsg. v. Haft/Schlieffen, a. a. O., S. 375 f.

241 Vgl. Ponschab/Schweizer, Wirtschaftsmediation, a. a. O., Stand 2006, S. 39.

242 Vgl. Dörrenbächer, § 15 Erfolgreiche Kommunikation, in: Handbuch der Mediation, hrsg. v. Haft/Schlieffen, a. a. O., S. 372–377.

243 Vgl. O' Connor/Seymour, Neurolinguistisches Programmieren, a. a. O., S. 160–162.

244 Vgl. Dörrenbächer, § 15 Erfolgreiche Kommunikation, in: Handbuch der Mediation, hrsg. v. Haft/Schlieffen, a. a. O., S. 377.

(3) Verzerrungen

Verzerrung oder auch Verfremdung ist die Fähigkeit, Informationen so umzudeuten, abzuwandeln oder zu interpretieren, dass eine neue Bedeutung entsteht.

Nominalisierungen, die Umformulierung von Verben in Hauptwörter, sind eine besondere Form der Verzerrung. Zu Verzerrungen wird weiterhin der Schluss von Ursache auf die Wirkung subsumiert. Hier stellt der Mediand einen kausalen Zusammenhang zwischen dem Auslösen persönlicher Gefühle (Wirkung), wofür der Andere die Verantwortung trägt (Ursache), her.[245]

Die nachstehende Tabelle[246] zeigt einige ausgewählte Aussagen, Präzisionsfragen und den dazugehörigen sprachlichen Abbildungsprozess.

Sprachliche Abbildung	Aussage	Präzisionsfrage
Tilgung	Ich kann es nicht mehr hören. Mein Kollege hat mich nicht verstanden.	*Was genau* können Sie nicht mehr hören? *Inwiefern* hat er Sie nicht verstanden?
Generalisierung	Mein Kollege mischt sich immer in meine Arbeit ein. Es ist unmöglich, ihm das zu sagen.	Mischt er sich *wirklich immer* ein? Haben Sie *noch nie* eine Arbeit gemacht, in die er sich nicht eingemischt hat? *Was hindert Sie* daran genau? *Was würde passieren*, wenn Sie es ihm zu sagen?
Verzerrung	Mein Kollege macht mich traurig. Ich glaube, wir haben keinen Erfolg mehr in unserem Team.	*Was* könnte ihr Kollege tun, damit sie nicht mehr traurig sind? *Wie macht* ihr Kollege das *genau*? *Was verstehen* Sie unter Erfolg? *Was hindert* Sie daran, an einen Erfolg zu glauben?

Tabelle 2: Sprachlicher Abbildungsprozess und beispielhaftes Nachfragen

Quelle: Angelehnt an: Dörrenbächer, § 15 Erfolgreiche Kommunikation, in: Handbuch der Mediation, hrsg. v. Haft/Schlieffen, a. a. O., S. 376–380; Ponschab/Schweizer, Wirtschaftsmediation, T. 2, a. a. O., 2006, S. 36–43.

245 Vgl. ebd., S. 372–379.

246 Die Tabelle erhebt ebenso wie die Darstellung von Tilgung, Generalisierung und Verzerrung keinen Anspruch auf Vollständigkeit. Eine ausführliche Skizzierung geht über den Rahmen der Untersuchung hinaus. Umfangreiche Beispiele finden sich in Dörrenbächer, § 15, Erfolgreiche Kommunikation, in: Handbuch der Mediation, hrsg. v. Haft/Schlieffen, a. a. O., S. 373–380 sowie in Ponschab/Schweizer, Wirtschaftsmediation, T. 2, a. a. O., Stand 2006, S. 33–43.

b) Milton-Modell

Im Anschluss an die Entwicklung des Meta-Modells analysierten *Bandler* und *Grinder* die hypnotischen Sprachmuster des Therapeuten *Milton H. Erickson*[247]. Ihm zu Ehren benannten sie ihr Modell nach seinem Vornamen.[248] Entsprechend *Ponschab* und *Schweizer* zählt die Sprache, die beide Forscher auf der Basis der Erkenntnisse von *Erickson* entwickelten, zur widerstandsfreiesten Kommunikation. Dabei richtet der Mediator die Botschaften an das Unterbewusstsein und bildet Sätze, die mit dem Nervensystem harmonisieren. Er bietet Satzkonstruktionen an, die mit dem im Einklang stehen, was Menschen gerne tun. Im Folgenden werden einige ausgewählte[249] linguistische Sprachmuster beispielhaft erläutert.[250]

Versteckte Fragen fordern das Unterbewusstsein zum Antworten heraus: „Ich frage mich, ob wir wissen, mit welchem Thema wir beginnen?" Anstelle der konkreten Frage nach den Interessen der Mediandenden, bietet der Mediator eine *Wahlmöglichkeit* an: „Vielleicht wäre es für alle interessant, wenn wir uns nun mit den Bedürfnissen beschäftigten." „Was denken Sie?"

Vermittelt der Mediator den Eindruck, er könne die *Gedanken* der Beteiligten *lesen*, gehen die Medianden davon aus, dass er deren Gefühle und Gedanken verstehen kann: „Vielleicht denken sie gerade darüber nach, ob diese Schilderung weiterhilft?"

247 Milton Hyland Erickson wurde am 5. Dezember 1901 in Nevada (USA) geboren. Er starb am 25. März 1980 in Phoenix. Vgl. Walker, Wolfgang, Abenteuer Kommunikation, Bateson, Perls, Satir, Erickson und die Anfänge des Neurolinguistischen Programmierens (NLP), 6. Aufl., Stuttgart 2014, S. 199 u. S. 208.

248 Vgl. ebd., S. 254.

249 Die Auswahl bezieht sich auf Beispiele, die insbesondere in der Konfliktanalyse hilfreich erscheinen, wenngleich die widerstandsfreie Sprache in allen Phasen der Mediation eingesetzt werden kann. Vgl. Schweizer, § 14 Techniken des Mediators, in: Handbuch der Mediation, hrsg. v. Haft/Schlieffen, a. a. O., S. 354.

250 Ausführliche Beschreibungen und Beispiele finden sich in: Ponschab/Schweizer, Kooperation statt Konfrontation, a. a. O., 2010, S. 256–261 f. und in: Ponschab/Schweizer, Wirtschaftsmediation, T. 2, hrsg. v. d. FernUniversität in Hagen, Kursnummer: 71074/2 [Stand 2006], S. 53–63.

Es ist im Prozess zielführend, die *Inhalte* miteinander zu *verknüpfen* und *Kausalverbindungen* herzustellen: „Bevor wir jetzt den nächsten Schritt in die Lösungssuche gehen, hat es sich als förderlich erwiesen, dass wir nochmals zurückschauen."

Widerstandsfrei ist ebenfalls das Verwenden einer *bildgebenden Sprache* wie der Einsatz von Zitaten oder Methapern.[251]

Versucht der Mediator im Meta-Modell mit Präzisionsfragen die Landkarte des Medianden zu erfassen, gilt es bei Anwendung der Sprache im Milton-Modell eher vage und unspezifisch zu formulieren.[252]

c) Gewaltfreie Kommunikation

Gewaltfreie Kommunikation (GFK) gilt als eine Sprache, um Konflikte erfolgreich zu bewältigen, ohne dass sie als *Technik* verstanden wird. Vielmehr spiegelt GFK eine *Haltung* wider, welche auf die eigenen Bedürfnisse ausgerichtet[253] ist. Diese Grundeinstellung eröffnet eine Kommunikation, die persönliche Gefühle und Bedürfnisse – ohne Schuldzuweisungen oder Verurteilungen – zum Ausdruck bringt.[254]

Das Modell der GFK wurde von *Rosenberg* entwickelt und beinhaltet als tragende Elemente Aufrichtigkeit und Empathie. Aufrichtigkeit impliziert die ehrliche Ansprache der Vorfälle, die eigene Befindlichkeiten stören, ohne den Anderen mit Äußerungen anzugreifen. Empathie zeigen heißt, die Perspektive des Anderen einzunehmen und die Bedürfnisse des Gegenübers zu hören und auszusprechen. Das bedeutet nicht, dass (im Falle der Mediation) der Mediator dem Verhalten zustimmt. Es

251 Vgl. Ponschab/Schweizer, Kooperation statt Konfrontation, a. a. O., 2010, S. 256–261. Siehe auch: Schweizer, § 14 Techniken des Mediators, in: Handbuch der Mediation, hrsg. v. Haft/Schlieffen, a. a. O., S. 355 f.

252 Siehe zur Erkenntnis, dass im Milton-Modell mit vagen Formulierungen gearbeitet wird: Walker, Walter, Abenteuer Kommunikation, a. a. O., S. 254.

253 Die empathische Wahrnehmung der eigenen Bedürfnisse wird sehr ausführlich bei *Bryson* beschrieben. Siehe dazu: Bryson, Sei nicht nett, sei echt! Ein Handbuch für Gewaltfreie Kommunikation, 3. Aufl., Paderborn 2012.

254 Vgl. Pásztor/Gens, Ich höre was, das du nicht sagst. Gewaltfreie Kommunikation in Beziehungen, 4. Aufl., Paderborn 2011, S. 15.

beinhaltet lediglich die Wahrnehmung und die Ansprache der Bedürfnisse.[255]

Die vier Schritte der GFK werden in Abbildung 4 dargestellt und mit beispielhaften Sätzen für eine Mediation unterlegt.

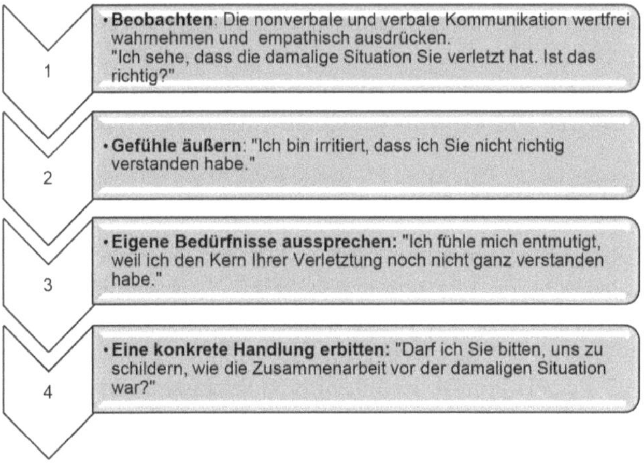

Abbildung 4: Die vier Schritte im Prozess der GFK

Quelle: Angelehnt an: Rosenberg, Gewaltfreie Kommunikation. Eine Sprache des Lebens, 11. Aufl., Paderborn 2013, S. 25.

Die GFK ist darauf ausgerichtet, sich neben der empathischen Wahrnehmung der eigenen Gefühle, in die Emotion des Gegenübers hineinzuversetzen. Das Modell lädt dazu ein, mit Fragen zu klären, ob die Wirklichkeit des Mediators der Wirklichkeit des Medianden[256] entspricht.[257]

In der Analysephase tragen das Hören und Aussprechen der wahrgenommenen Gefühle (durch den Mediator) dazu bei, die Interessen hinter den Positionen zu hören. Gleichzeitig können die Medianden angeleitet werden, den Perspektivwechsel vorzunehmen. Dies kann durch

255 Vgl. Holler, Gewaltfreie Kommunikation, in: Mediation und Konfliktmanagement, hrsg. von Trenczek/Berning/Lenz, a. a. O., S. 356.
256 Zur Wahrnehmung der Wirklichkeit vgl. Kapitel E. III. 4.
257 Vgl. Rosenberg, Gewaltfreie Kommunikation, a. a. O., S. 118.

einfache Fragen geschehen. Beispielhaft: „Was haben Sie gehört?" „Was hat Ihre Kollegin verletzt?"[258]

Es ist zu konstatieren, dass die Mediander kaum in der Sprache der GFK kommunizieren werden. Gleichwohl hat der Mediator die Möglichkeit, *für* die Medianden gewaltfrei zu sprechen, um insbesondere die Bedürfnisse der Parteien (Schritt 3) herauszuarbeiten. Dazu kann der Mediator auf die Technik des Doppelns zurückgreifen. Diese Methode wird als das elementare Kernstück der Klärungshilfe[259] bezeichnet und ermöglicht das Transportieren schwieriger Inhalte. Es entlastet den Gedoppelten von negativen Gefühlen und versetzt die Gegenpartei in die Lage, den Anderen zu verstehen, aber auch den eigenen Anteil am Konflikt zu begreifen und zu akzeptieren.[260]

Die nachstehende Abbildung beschreibt die Vorgehensweise bei Anwendung der Methode.

258 Vgl. Holler, Gewaltfreie Kommunikation, in: Mediation und Konfliktmanagement, hrsg. von Trenczek/Berning/Lenz, a. a. O., S. 358 f.

259 Die Klärungshilfe geht auf *Thomann* zurück und ist eine spezifische Methode, um in Konflikten zu vermitteln. Im Vordergrund steht das klärende Streitgespräch zur Auflösung des Konfliktes. Über die Hälfte der Zeit wird an den Emotionen, an verletzten Gefühlen und demnach an der beschädigten Beziehung der Beteiligten gearbeitet. Vgl. Prior, Mediation und Klärungshilfe, in: Mediation und Konfliktmanagement, hrsg. von Trenczek/Berning/Lenz, a. a. O., 2013, S. 319–329.

260 Vgl. Thomann unter Mitarbeit v. Stegemann, Klärungshilfe 2, Konflikte im Beruf. Methoden und Modelle klärender Gespräche, 6. Aufl., Reinbek bei Hamburg 2014, S. 293.

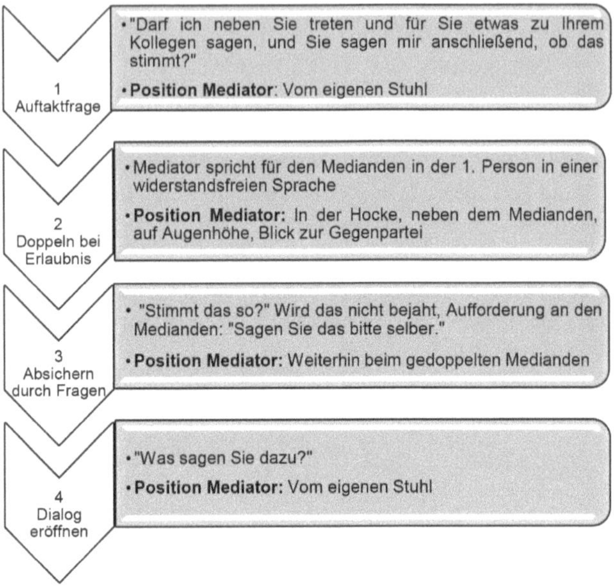

Abbildung 5: Handlungsschritte beim Doppeln

Quelle: Angelehnt an: Thomann unter Mitarbeit von Stegemann, Klärungshilfe 2., a. a. O., S. 291 f.; Thomann/Prior unter Mitarbeit von Negele, Klärungshilfe 3. Das Praxisbuch, 3. Aufl., Reinbek bei Hamburg 2013, S. 151.

6. Das Reiss Profile® als Hilfsmittel in der Mediation

Die Kunst, strukturiert und differenziert Fragen zu stellen, gehört zu dem elementaren Handwerkszeug in der Mediation und ist ein probates Mittel, die Interessen der Medianden zu eruieren.[261] Wie in den vorangegangenen Kapiteln zudem belegt, ist es für den Mediator dringend geboten, sich mit Kommunikationsmodellen und Linguistik auseinanderzusetzen, um lösungsorientiert zu arbeiten.

Des Weiteren zeigt die berufliche Praxis,[262] dass das Reiss Profile® eine Möglichkeit bietet, Einblick in die Motive der Medianden zu nehmen. Aus dem Vergleich der Motivationsprofile von Teammitgliedern, lässt

261 Vgl. Diez, Werkstattbuch Mediation, a. a. O., S. 159.

262 Die Berufspraxis erstreckt sich auf einen Zeitraum von mehr als zehn Jahren.

sich darüber hinaus sehr schnell auf latent vorhandene Konfliktthemen schließen.

a) Herkunft und Beschreibung

Der deutsche Markt hält ein unüberschaubares Angebot an Persönlichkeitstests vor. Im Vergleich zum europäischen Ausland stehen deutsche Arbeitgeber dem Instrument eher kritisch gegenüber und setzen diese seltener ein. Persönlichkeitstests werden in unserem Land überwiegend von Unternehmensberatungen angeboten, die ein Testverfahren entweder aus dem Ausland importiert oder ein eigenes entwickelt haben.[263]

Das Reiss Profile® (RP) geht auf den emeritierten Professor für Psychologie der Ohio State University, *Steven Reiss*, zurück. Sein Interesse galt der Frage: Welche Bedürfnisse treiben die Menschen an? Forschungsergebnisse, die darauf abstellen, dass einzig das Vermeiden von Schmerzen und das Erleben von Lust das Verhalten determinieren, bewertete er als zu einseitig orientiert.[264] Darüber hinaus wehrte *Reiss* sich dagegen, grundsätzlich jedes auffällige Verhalten psychoanalytisch als krankhafte Störung zu begründen. Seine Überlegungen basierten auf der Erkenntnis, dass der Mensch von Hause aus gesund ist, ohne zu ignorieren, dass seelische Erkrankungen (wie Schizophrenie oder Manie) existieren. Somit lehnte *Reiss* die These von Freud, persönliche Schwierigkeiten seien mit leichter psychischer Erkrankung zu erklären, ab.[265]

Um eine Antwort auf die oben genannte Frage zu erhalten, stellte er eigene Forschungen zur Motivation an. Vor diesem Hintergrund entwickelten *Reiss* und seine damalige Diplomstudentin *Haverkamp* Mitte der Neunziger Jahre einen Fragebogen, den 401 Probanden beantworteten. Dieser enthielt 328 Items mit Lebenszielen, die aus der Sicht der Forscher psychologisch relevant und intrinsisch motiviert waren. Die Daten wurden mit Hilfe mehrfacher Faktorenanalysen[266] reduziert, um nach grund-

263 Vgl. Hossiep/Mühlhaus, Personalauswahl und -entwicklung mit Persönlichkeitstests, 2., vollst. überarb. u. erw. Aufl., Göttingen 2015, S. 1 f.

264 Vgl. Reiss, Wer bin ich und was will ich wirklich? Mit dem Reiss Profile™ die 16 Lebensmotive erkennen und nutzen, München 2009, S. 15.

265 Siehe dazu ausführlich Kapitel 4 und 5 in: Reiss, Das Reiss Profile. Die 16 Lebensmotive. Welche Werte und Bedürfnisse unserem Verhalten zugrunde liegen, 2. Aufl., Offenbach 2010, S. 101–145.

266 Die Faktorenanalyse bedient sich eines statistischen Verfahrens und reduziert die Vielzahl von Variablen, um gleiche Sachverhalte prägnanter zu beschreiben.

legenden Bedeutungen zu suchen.[267] Abgeleitet aus den Forschungsarbeiten, erhielt *Reiss* 16 Lebensmotive, die unabhängig voneinander sind. Sie beschreiben die Interessen, die menschliches Verhalten steuern und bei Erfüllung in Befriedigung, bei Nichterfüllung in Frustration münden:

- Macht
- Unabhängigkeit
- Neugier
- Anerkennung
- Ordnung
- Sparen
- Ehre
- Idealismus
- Beziehungen
- Familie
- Status
- Rache (Kampf)
- Schönheit[268]
- Essen
- Körperliche Aktivität
- (Emotionale) Ruhe

Diese fasste er in einem Motivationsprofil, dem Reiss Profile®, zusammen.[269] Zur Erhebung des Profils bewertet die Testperson online im Internet 128 Items, deren Bandbereite sich auf einer 7-Skala von +3 (stimmt völlig) bis −3 (völlig falsch) und 0 für „neutral/weder noch“ befindet. Die

---

Wird die Redundanz verringert, erhöht sich der Erklärungswert der (noch verbleibenden) Variablen. Es handelt sich um eine deskriptive Methode. Vgl. Fisseni, Persönlichkeitspsychologie. Auf der Suche nach einer Wissenschaft. Ein Theorienüberblick, 4., überarb. u. erw. Aufl., Göttingen 1998, S. 314. Insgesamt wurden vier Studien, mit abweichenden Teilnehmern in der Stichprobe, davon drei in Form einer exploratorischen Faktorenanalyse und eine konfirmatorische Faktorenanalyse, erstellt. Zu den 2554 Probanden gehörten Personen im Alter von 12 bis 76 Jahren, die unterschiedlichen sozialen Schichten zuzuordnen sind. Vgl. Reiss, Das Reiss Profile, a. a. O., 2010, S. 47.

267 Vgl. Reiss, Wer bin ich und was will ich wirklich, a. a. O., 2009, S. 45–48.

268 Im beruflichen Kontext wird mit der Businessvariante gearbeitet. In dieser Testversion sind Items zum Thema Schönheit zu beantworten. Die Angaben sind nicht valide. Die Items im Originaltest (Lebensmotiv Eros) beziehen sich auf Fragen zur Sexualität und nicht auf eine Einschätzung zur Schönheit. Vgl. Rohrschneider, Macht, Neugier, Team...: Mitarbeiter individuell führen mit dem Reiss-Motivationsprofil, Wiesbaden 2011, S. 26. Das Lebensmotiv Eros hat für die vorgelegte Untersuchung keine Bedeutung; insofern hat der Ersatz durch Schönheit keine Relevanz.

269 Vgl. Reiss, Das Reiss Profile, a. a. O., 2010, S. 41–54.; Staller, Reiss Profile®. Die individuelle Persönlichkeit verstehen, in: Handbuch der Persönlichkeitsanalysen. Die führenden Tools im Überblick, hrsg. v. Brand/Ion/Wittig, Offenbach 2015, S. 453–457.

Selbsteinschätzung wird mit dem Bevölkerungsdurchschnitt verglichen, der aus einer Normierungsstichprobe (mit mindestens 1 000 Personen) besteht und nach Eingabe des Probanden mathematisch ausgewertet wird.[270] Die Skalenwerte je Lebensmotiv liegen in der Bandbreite von –2 (niedrige Ausprägung) bis +2 (hohe Ausprägung).[271] Die Ausprägung der einzelnen Lebensmotive entspricht der Gauß`schen Normalverteilung. Demzufolge liegt in etwa zwei Drittel der Bevölkerung im Bereich der Normalverteilung (Werte in der Spannbreite von –0,79 bis +0,79).[272] Dem Probanden wird sein RP in einem mindestens einstündigen Gespräch[273] von einem ausgebildeten Reiss Profile® Master erläutert.[274] Ergänzend erhält er ein schriftliches Auswertungsergebnis.

Die nachstehende Abbildung zeigt exemplarisch ein Musterprofil, welches eine hohe Ausprägung (Werte ab +0,8[275], dunkelblaue Färbung) der Lebensmotive Unabhängigkeit, Rache und körperliche Aktivität aufweist. Die Lebensmotive Neugier, Sparen, Beziehungen, Status und Essen sind niedrig ausgeprägt (Werte ab –0,8, hellblaue Färbung). Alle weiteren Motive gelten als neutral (Wertebereich von –0,8 bis +0,8, orange Färbung). Es gilt: Je stärker ein Lebensmotiv von der kulturellen Norm abweicht,

270 Die Lizenz für den deutschen Markt hielt (seit 2007) bis zum 30. Juni 2017 die Reiss Profile Germany GmbH mit Sitz in Berlin. Vgl. Staller, Reiss Profile®. Die individuelle Persönlichkeit verstehen, in: Handbuch der Persönlichkeitsanalysen, a. a. O., S. 468. Am 1. Juli 2017 übernahm die RMP germany GmbH mit Sitz in Mittenaar-Bicken die Rechte für Deutschland. Aus dem Reiss Profile® respektive dem Reiss Profile™ wurde das Reiss Motivation Profile®. Musterprofile, die dem Internet und der Literatur aus der Zeit vor dem 1. Juli 2017 zu entnehmen sind, weisen eine andere Farbskala (rot – gelb – grün) auf. Zudem wurde das Lebensmotiv Unabhängigkeit mit Teamorientierung (inverse Ergebnisinterpretation) und das Lebensmotiv Ehre mit Ziel- und Zweckorientierung (ebenfalls inverse Ergebnisinterpretation erforderlich) übersetzt. Berufliche Praxis.

271 Vgl. ebd., S. 460 f.

272 Vgl. Boltersdorf/Delnoy/Staller: Stellungnahme zur Kritik am Reiss Profil, S. 12., online im Internet unter: http://docplayer.org/49070008-Stellungnahme-zur-kritik-am-reiss-profile-peter-boltersdorf-john-j-m-delnoy-thomas-staller-reiss-profile-germany-gmbh.html (Zugriff: 15.10.2020).

273 Die Gespräche dauern im Durchschnitt zwei Stunden. Berufliche Praxis.

274 Zur Ausbildung und weitergehenden Qualifizierung der Reiss Profile® Master, siehe online im Internet unter: https://www.rmp-germany.com/zertifizierungen/ (Zugriff: 15.10.2020).

275 Die Beschreibung *bis* + 0,79 und *ab* + 0,8 mag zunächst verwirren; statistisch hat sie keine Relevanz. Mit Blick auf die zitierten Quellen wurde darauf verzichtet, die Zahlen zu vereinheitlichen.

umso deutlicher empfindet die Person Befriedigung, wenn das Bedürfnis erfüllt wird.[276]

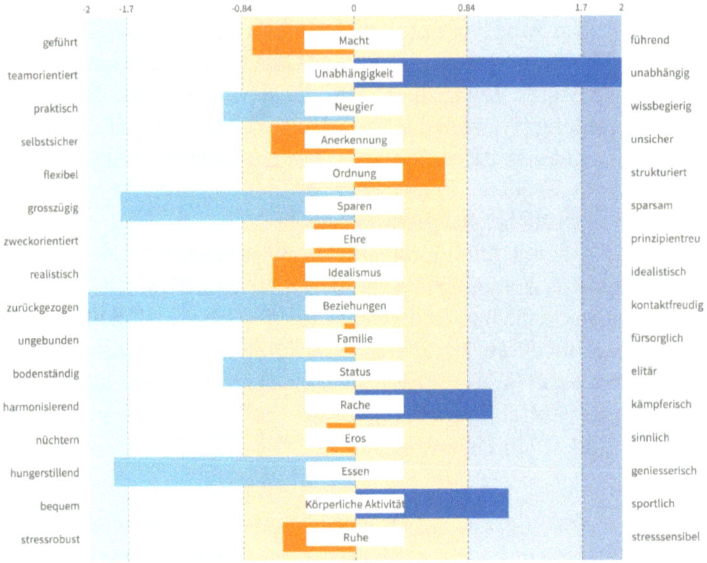

Abbildung 6: Musterprofil: Reiss Motivation Profile®

Quelle: https://www.rmp-germany.com/fileadmin/_processed_/6/d/csm_rmp-beispielprofil_b2df3e54b9.png (Zugriff: 15.10.2020).[277]

Die Adjektive, die den Lebensmotiven in der Abbildung zugeschrieben werden, sind ein erster Anhaltspunkt dafür, wie sich Menschen in Situationen verhalten oder wie sie sich selbst beschreiben, sofern die Ausprägung eine messbare Relevanz hat.

Tabelle 3 gibt einen Überblick über ausgewählte Lebensmotive in hoher und in niedriger Ausprägung und beschreibt sowohl die Bedürfnisse als auch die Eigenwahrnehmung, die aus der Darstellung abgeleitet

276 Vgl. Staller, Reiss Profile®. Die individuelle Persönlichkeit verstehen, in: Handbuch der Persönlichkeitsanalysen, a. a. O., S. 461.

277 Mit freundlicher Genehmigung zum Download und zur Publikation in der vorgelegten Untersuchung der RMP germany GmbH vom 15.10.2020.

werden kann.[278] Die Auswahl erfolgt im Kontext der neun Interessen, auf die im nachstehenden Abschnitt Bezug genommen wird.[279]

Niedrige Ausprägung Zeichnet sich dadurch aus ..., Hat das Bedürfnis (nach) ...	**Lebensmotiv**	**Hohe Ausprägung** Zeichnet sich dadurch aus ..., Hat das Bedürfnis (nach) ...
... Orientierung am Menschen, anderen dienen zu wollen, sich anleiten zu lassen, nicht entscheiden zu wollen ...	Macht	... Kontrolle über Andere auszuüben, Entscheidungen zu treffen, Verantwortung zu tragen, Leistung zu erbringen ...
... emotionaler Verbundenheit, Zugehörigkeit zu Gruppen, beziehen andere immer ein, konsensorientiert, Wir-Gefühl	Unabhängigkeit	... Selbstbestimmung, hohe Autonomie, emotionale Unabhängigkeit, Freiheit ...
... praktischem Handeln und Umsetzung von Wissen, nutzenorientiertem Einsatz von Wissen, agieren handlungsorientiert ...	Neugier	... nach tiefgründigem Wissen, Visionen, analytischem Denken, intellektuell ...
... selbstbewusst auftreten, hohe Fehlertoleranz, halten Kritik aus ...	Anerkennung	... Perfektion, fehlerfreiem Handeln, selbstkritisch, Lob und Bestätigung von Dritten, Zugehörigkeit und sozialer Akzeptanz ...
... flexiblem, regelungebundenem Handeln, Eigeninteresse, ergebnisorientiert, zielorientiert ...	Ehre	... Traditionen bewahren, agieren loyal, regel- und prinzipienorientiert, moralisch verantwortbar handeln ...
... Gerechtigkeit für sich und die mit ihm verbundenen Menschen ...	Idealismus	... sozialer Gerechtigkeit für alle Menschen, anderen zu helfen, Altruismus, Fairness ...
... Harmonie und Ausgleich, Kooperation, Win-Win-Situationen herzustellen, Konflikte zu vermeiden ...	Rache/Kampf	... Herausforderung, Wettkampf und Vergleich, Sieg, Aggression, Durchsetzungswillen, Spaß an der Reibung ...
... Risiko leben, sucht Veränderung und begreift diese als Chance, Abenteuerlust, Wagemut ...	Emotionale Ruhe	... vorausschauend, sicherheitsorientiert und prüfend bei Veränderungen oder Neuem gegenüber, vorsichtig agierend, sieht bei Veränderung das Risiko ...

Tabelle 3: Beschreibung ausgewählter Lebensmotive nach Reiss

Quelle: Unveröffentlichte Schulungsunterlagen d. Reiss Profile Germany GmbH [2013]; Rohrschneider, Macht, Neugier, Team, a. a. O., S. 36 f.

278 Beispiel: Menschen, die eine niedrige Ausprägung im Lebensmotiv Macht vorhalten, nehmen sich als Dienstleister wahr. Verfügen sie über eine hohe Ausprägung, fühlen sie sich als Entscheidungs- und Leistungsträger.

279 Anhang IV auf S. 121 zeigt eine vollständige Übersicht der 16 Lebensmotive.

b) Ausgewählte Lebensmotive nach Reiss im Kontext der neun Interessen nach Schweizer

Die neun Leitwerte nach *Schweizer*, die im Konflikt hinter den Positionen stehen, weisen starke Analogien zu einzelnen Lebensmotiven nach *Reiss* auf. Tabelle 4 zeigt eine Zuordnung der Interessen nach *Schweizer* auf Basis der Kernüberzeugungen zu den entsprechenden Lebensmotiven nach *Reiss* auf der Grundlage der persönlichen Leitsätze.

Interesse nach Schweizer	Kernüberzeugung	Leitsatz	Lebensmotiv nach Reiss
Macht	„Ich möchte, dass du das tust!"	„Ich will führen/ entscheiden!"	Macht (hohe Ausprägung)
Freiheit	„Ich will machen, was ich will!"	„Ich will frei sein!"	Unabhängigkeit (hohe Ausprägung)
Neugier	„Wie funktioniert das genau?"	„Ich will alles wissen und verstehen!"	Neugier (hohe Ausprägung)
Anerkennung	„Sag mir, dass ich gut bin!"	„Ich will keine Fehler machen!"	Anerkennung (hohe Ausprägung)
Integrität	„Ich will nach meinem eigenen Lebensplan leben und handeln!"	„Ich will frei von Prinzipien sein!"	Ehre (niedrige Ausprägung)
Fürsorge	„Wo kann ich helfen?"	„Ich will Gerechtigkeit für alle!"	Idealismus (hohe Ausprägung)
Intensität	„Ich will jetzt Spaß haben!"	„Ich will gewinnen!"	Rache (hohe Ausprägung)
Harmonie	„Ich möchte, dass sich jetzt alle gut fühlen!"	„Ich will Harmonie und Ausgleich!"	Rache (niedrige Ausprägung)
Sicherheit	„Ich darf keine Fehler machen!"	„Ich will vorausschauend handeln!"	(Emotionale) Ruhe (hohe Ausprägung)

Tabelle 4: Zuordnung Interessen und Lebensmotive

Quelle: Angelehnt an: Unveröffentlichte Schulungsunterlage d. Reiss Profile Germany GmbH (Glaubenssätze, o. Jahresangabe) sowie Rohrschneider, Macht, Neugier, Team, a. a. O., S. 182–211.; Interessen und Kernüberzeugungen: Ponschab/Schweizer, Kooperation statt Konfrontation, a. a. O., S. 248–252.

Die Gegenüberstellung zeigt, dass sich die verborgenen (im Konflikt treibenden) Interessen überwiegend in einer starken Ausprägung der entsprechenden Lebensmotive nach *Reiss* spiegeln. Lediglich die Lebensmotive Ehre und Rache[280], scheinen in einer niedrigen Ausprägung Konflikttreiber zu sein.

c) Die Eigen- und Fremdwahrnehmung

Wie in Kapitel E. III. 4. dargelegt, lebt jeder in seinem eigenen persönlichen Konstrukt, welches er für wahr und richtig hält. Die Herausforderung im Zwischenmenschlichen ist somit darin begründet, dass Menschen erkennen, wie unzulänglich ihre Wahrnehmung ist.[281] Im Konflikt ist der Aspekt, dass Individuen dazu neigen, ihre Werte für die besten oder die einzig richtigen zu halten (Selbstbezogenheit), von besonderer Relevanz. Nicht vorstellbar ist für sie, dass die Glücksgefühle, die bei Befriedigung ihrer Motive nicht beim Anderen entstehen. Mit anderen Worten: Die Eigenwahrnehmung ist immer positiv.[282]

Wie lässt sich das neurobiologisch erklären? Antwort darauf geben die Spiegelneuronen, von denen die Wissenschaftler erst seit wenigen Jahren Kenntnis haben. Forschungen zeigen, dass sie nicht nur die neuronale Grundlage für das Verständnis von Handlungen sind, vielmehr gelten sie auch als Basis für das Verstehen von Emotionen.[283]

Um empathisch auf einen Menschen einzugehen, ihn emotional zu verstehen, bedarf es im Gehirn eines Resonanzsystems, den Spiegelneuronen. Die Nervenzellnetze werden allerdings nur dann in Schwingungen gesetzt (oder befeuert), wenn das Emotionszentrum im Gehirn diese Gefühle auf Basis früherer Erfahrungen konstruieren kann.[284] Im Ergebnis heißt das, dass es Menschen an Spiegelneuronen für die gegenpolige Emotion fehlen kann. Aufgrund dieser unterschiedlichen Empfin-

280 Beim Lizenznehmer bis 2017 als Rache/Wettkampf bezeichnet. „Wettkampf" – In der hohen Ausprägung trifft die Kernüberzeugung nach *Schweizer* „Ich will Spaß haben" sprachlich besser als das alleinige Wort „Rache".

281 Vgl. Buber, Das dialogische Prinzip: Ich und Du. Zwiesprache. Die Frage an den Einzelnen. Elemente des Zwischenmenschlichen, 11. Aufl., Gütersloh 2009, S. 287.

282 Vgl. Reiss, Das Reiss Profile, a. a. O., 2010, S. 169.

283 Vgl. Gazzaniga, Die Ich-Illusion. Wie Bewusstsein und freier Wille entstehen, München 2012, S. 185. Die Entdeckung der Spiegelneuronen ist auf Mitte der 1990er Jahre datiert und geht auf das Forscherteam von *Rizzolatti* zurück. Vgl. ebd., S. 185.

284 Vgl. Bauer, Warum ich fühle, was du fühlst, a. a. O., S. 50 f.

dungen sind Schwierigkeiten vorprogrammiert und bilden einen idealen Nährboden für Konflikte.

Die Fremdwahrnehmung, also die Wahrnehmung desjenigen, der eine gegenpolige Ausprägung in einem Lebensmotiv hat, ist grundsätzlich mit negativem Denken respektive Emotionen behaftet.[285]

Die nachstehende Tabelle zeigt die Zuordnung der Interessen zu den Lebensmotiven sowie die Fremdwahrnehmung.

Interesse nach Schweizer	Lebensmotiv nach Reiss	Fremdwahrnehmung (denkt über den anderen, nimmt ihn wahr als...)
Macht	Macht (hohe Ausprägung)	... dominant, kontrollierend, ungeduldig, nicht am Menschen orientiert, getrieben, Besserwisser ...
Freiheit	Unabhängigkeit (hohe Ausprägung)	... kompromisslos, stur, eigensinnig, unnahbar, egoistisch, fügt sich nicht in eine Gruppe ein, arrogant, überheblich, informiert nie oder nicht genug ...
Neugier	Neugier (hohe Ausprägung)	... arrogant, unpraktisch, durchgeistigt, kompliziert, überheblich, Theoretiker, abgehoben ...
Anerkennung	Anerkennung (hohe Ausprägung)	... unsicher, schwach, hat kaum Selbstvertrauen, devot, steht nicht zu Fehlern ...
Integrität	Ehre (niedrige Ausprägung)	... prinzipienlos, illoyal, unehrenhaft, untreu, rücksichtslos, selbstsüchtig ...
Fürsorge	Idealismus (hohe Ausprägung)	... Träumer, unrealistisch, weich, keine Ahnung vom Leben, „päpstlicher als der Papst" ...
Intensität	Rache (hohe Ausprägung)	... aggressiv, zornig, will immer gewinnen, nachtragend, laut, rachsüchtig, leidet an ständiger Überschätzung, penetrant ...
Harmonie	Rache (niedrige Ausprägung)	... unbestimmt, passiv, hilflos, schwach, steht nicht zu seiner Meinung, nachtragend, kleinkariert ...
Sicherheit	Emotionale Ruhe (hohe Ausprägung)	... furchtsam, feige, überängstlich, grundlos pessimistisch, sieht nur die Risiken ...

Tabelle 5: Fremdwahrnehmung in den ausgewählten Lebensmotiven

Quelle: Angelehnt an: Unveröffentlichte Schulungsunterlage der Reiss Profile Germany GmbH sowie Brand/Ion, Motivorientiertes Führen. Führen auf Basis der 16 Lebensmotive nach Steven Reiss, Offenbach 2009, S. 100–107.

285 Vgl. Brand/Ion, Motivorientiertes Führen. Führen auf Basis der 16 Lebensmotive nach Steven Reiss, Offenbach 2009, S. 100.

d) Abgrenzung zu anderen Persönlichkeitstests

Eine Vielzahl von Persönlichkeitstests orientiert sich an der empirischen Psychologie und legt statistische Verfahren zur Messung und Beschreibung von Verhalten zugrunde. Diese stehen im Widerspruch zu qualitativ orientierten Psychologen, deren Ansatz beispielsweise in einer einfühlenden Personenbeschreibung liegt.

Persönlichkeitstests werden in der Literatur weniger als Theorie verstanden; sie gelten als ein Werkzeug, Persönlichkeit und Verhalten mittels statistisch-empirischer Verfahren zu beschreiben. Persönlichkeitsmodelle wie die Eigenschaftstheorie nach *Eysenck*, die Typologie nach *Jung* oder die humanistische Theorie, zu deren Begründer *Rogers*, *Fromm* und *Maslow* gehören, sind Basis einer Reihe von Testverfahren. Insbesondere die Theorie von *Jung*, ein Schüler von *Freud*, ist Grundlage vieler Persönlichkeitstests.[286] Daher wird auf die Überlegungen von *Jung* näher eingegangen.[287] Nach ihm zeigen sich Individuen entweder extravertiert und sind nach außen gerichtet oder introvertiert und ihre Handlungen sind auf das Selbst fokussiert. Introvertierte werden als zögernde, nachdenkliche und vorsichtige Menschen charakterisiert; extravertierte Menschen gelten als sozial engagiert, aktiv und abenteuerlustig.[288] Die beiden Einstellungsformen wirken auf die Grundfunktionen Denken und Fühlen (nach *Jung* handelt es sich hier um eine rationale Bewertung von Sachverhalten) und auf Empfinden und Intuieren (nach *Jung* sind damit irrationale Wahrnehmungen gemeint).[289]

In der Literatur wird die Typenlehre nach *Jung* als zu spekulativ bewertet. Die Modellüberlegungen lassen sich weder wissenschaftlich prüfen noch widerlegen. Daher hat seine Typisierung nur geringen Einfluss

---

286 Vgl. Simon, Persönlichkeitstheoretische Grundmodelle, in: Persönlichkeitsmodelle und Persönlichkeitstests. 15 Persönlichkeitsmodelle für Personalauswahl, Persönlichkeitsentwicklung, Training und Coaching, hrsg. v. Simon, 2. Aufl., Offenbach 2010, S. 18–33.

287 Einen guten Einblick in verschiedene Persönlichkeitstests findet sich in dem vorher zitierten Werk von Simon sowie in Brand/Ion/Wittig (Hrsg.), Handbuch der Persönlichkeitsanalysen. Die führenden Tools im Überblick, Offenbach 2015.

288 Vgl. Pervin/Cervone/John, Persönlichkeitstheorien, 5., vollst. überarb. u. erw. Aufl., München 2005, S. 191.

289 Vgl. Fisseni, Persönlichkeitspsychologie, a. a. O., S. 67 f.; Anhang V auf S. 122 zeigt die Funktions- und Einstellungstypen nach Jung in tabellarischer Form.

auf die wissenschaftliche Psychologie genommen. Gleichwohl haben seine Gedanken andere Bereiche beeinflusst und zur Gründung von klinischen Ausbildungszentren geführt.[290] Auf der Basis der Typenlehre nach *Jung* wurde der Myers-Briggs Typenindikator (MBTI®) entwickelt. Die Antworten sollen die Zuordnung des Menschen zu den beiden Grundtypen und den vier Grundfunktionen ermöglichen.[291] Der MBTI® wurde in Deutschland 1995 von *Bents* und *Blank* vorgelegt und gilt in Amerika als der populärste Test in der Öffentlichkeit.[292] Dem Persönlichkeitstest Neo-Personality Inventory Revised (NEO-PI-R), der als die „Fünf Großen Wesenszüge" Neurotizismus, Extraversion, Offenheit, Liebenswürdigkeit und Gewissenhaftigkeit benennt,[293] ist die Nähe zur Theorie von *Jung* ebenfalls nicht abzusprechen.[294] Auch der Persönlichkeitstest Insights, der in Deutschland von der INSIGHTS International Deutschland GmbH angeboten wird, arbeitet mit den Grundlagen, die *Jung* gelegt hat.[295]

Wie bereits ausgeführt, ist das Angebot an Testverfahren in Deutschland nicht mehr zu überschauen.[296] Mit Blick darauf, dass Persönlichkeitskonzepte und deren Erforschung mit Hilfe statistischer Verfahren in den letzten 40 Jahren sprunghaft zugenommen haben,[297] wird auf die Vorstellung weiterer Persönlichkeitstests verzichtet, um den Rahmen der Arbeit nicht zu überfordern.

Vor dem Hintergrund ist die Frage, wie sich das RP von anderen Persönlichkeitstests[298] abgrenzt, von besonderem Interesse: Grundsätzlich ist festzustellen, dass das Motivationsprofil nach *Reiss* nicht auf der The-

---

290 Vgl. Pervin/Cervone/John, Persönlichkeitstheorien, a. a. O., S. 191 f.

291 Vgl. Fisseni, Persönlichkeitspsychologie, a. a. O., S. 69.

292 Vgl. Hossiep/Mühlhaus, Personalauswahl und -entwicklung mit Persönlichkeitstests, a. a. O., S. 124.

293 Vgl. Pervin/Cervone/John, Persönlichkeitstheorien, a. a. O., S. 322.

294 Vgl. Hossiep/Mühlhaus, Personalauswahl und -entwicklung mit Persönlichkeitstests, a. a. O., S. 127. Zur Kritik an Big-Five-Tests aus neurobiologischer Sicht wird auf die Ausführungen von Roth/Strüber, a. a. O., S. 188–199, verwiesen.

295 Vgl. Euteneier/Scheelen, INSIGHTS MDI by Scheelen – Verhalten, Werte, Fertigkeiten, in: Simon (Hrsg.), Persönlichkeitsmodelle und Persönlichkeitstests, a. a. O., S. 240.

296 Vgl. Kapitel E. III. 6. a).: Herkunft und Beschreibung.

297 Vgl. Pervin/Cervone/John, Persönlichkeitstheorien, a. a. O., S. 319.

298 Siehe dazu auch Anhang VI auf S. 123: Vergleich Reiss Profile® und MBTI®.

orie von *Jung* basiert.[299] Inhaltstheorien[300] der Motivation (zu den Vertretern gehört beispielsweise *Maslow*) arbeiten mit einer *theoretischen* Deduktion der Bedürfnisse. Die 16 Lebensmotive wurden in der – sich über 20 Jahre erstreckenden – Forschungsarbeit von *Reiss empirisch* hergeleitet. Weltweit und anonym beantworteten 7 000 Probanden zunächst die Frage, was im Leben wichtig ist. Die Ergebnisse bildeten die Basis für den ersten Fragebogen, der 328 Items enthielt.[301]

e) Kritik am Reiss Profile®

Persönlichkeitstests sind in der Literatur mit einer Vielzahl von kritischen Reflexionen belegt. Neben der Frage der sozialen Erwünschtheit der Antworten, also entsprechen die Antworten der Probanden der Wahrheit, gilt den Konstruktionsprinzipien der Skalen erhöhte Aufmerksamkeit.[302] Angreifbar werden Fragebögen, wenn sie semantisch vorsichtige Formulierungen (Einsatz von Konjunktiven) nutzen oder Textkonstruktionen verwenden, für die kein einheitliches Begriffsverständnis vorliegt. Ebenfalls nicht zu unterschätzen ist der Aspekt, dass eine Reihe von Persönlichkeitstests aus dem angloamerikanischen Raum stammt und in die deutsche Sprache übersetzt wurde – mit aller Unterschiedlichkeit in der Bedeutung der Wörter. Testverfahren, die auf der Basis der Typen-

299 Vgl. Reiss, Das Reiss Profile. Die 16 Lebensmotive, a. a. O., 2010, S. 21.

300 Grundlage aller Motivationstheorien sind Reiz-Reaktionsmodelle (Stimulus – Response). Diese werden nach Inhalts- und Prozesstheorien differenziert. Im Fokus der Inhaltstheorien steht die Existenz der Bedürfnisse. Zu den Vertretern der Inhaltstheorien gehören beispielsweise *Maslow*, *Herzberg* und *McClelland*. Prozesstheorien untersuchen das dynamische Wirken der Motive untereinander. Verhalten wird durch eine Variable, deren Beschreibung sich entweder inhalts- oder prozesstheoretisch begründen lässt, stimuliert. Vgl. Scholz, Christian, Grundzüge des Personalmanagements, München 2011, S. 370–381.

301 Vgl. Staller, Reiss Profile®. Die individuelle Persönlichkeit verstehen, in: Handbuch der Persönlichkeitsanalysen, a. a. O., S. 457 f.; siehe auch Kapitel E. III. 6. a).: Herkunft und Beschreibung.

302 Vgl. zu den Vor- und Nachteilen standardisierter Fragebögen: Borkenau/Friedel/Wolfradt, Standardisierte Persönlichkeitsfragebögen, in: Persönlichkeitsdiagnostik, hrsg. v. Hornke/Amelang/Kersting, in Enzyklopädie der Psychologie, Themenbereich B, Methodologie und Methoden, Serie II, Psychologische Diagnostik, Bd. 4, Göttingen 2011, S. 5–7.

lehre nach *Jung* konstruiert wurden, wird generell die fehlende wissenschaftliche Prüfbarkeit angelastet.[303]

Auch das RP bleibt nicht unbenommen von Kritik, die sich vor allem auf die unzureichende wissenschaftliche Belegung (Prüfung der Gütekriterien), auf die fehlende Theoriebildung und auf die Nutzung des Barnum-Effekts[304] beziehen.[305] Ziel der Untersuchung ist es nicht, eine Prüfung der Wissenschaftlichkeit des Testverfahrens, einen Beweis für oder gegen jedes Argument zu erbringen oder gar jeden einzelnen Kritikpunkt zu untersuchen.[306] Letztlich bestätigt die mehr als zehnjährige berufliche Praxis mit dem RP, dass sich das Verhalten von Personen – mit Kenntnis auf die Lebensmotive – sehr wohl beschreiben und auch voraussagen lässt. Daher wird im Nachgang lediglich auf ausgewählte Gesichtspunkte eingegangen.

Die Qualität von Persönlichkeitstests wird anhand der Gütekriterien Objektivität, Reliabilität (Zuverlässigkeit) und Validität (Gültigkeit) gemessen.

Als *objektiv* gilt ein Test, der in der Durchführung weitestgehend standardisiert ist,[307] oder wie *Ingenkamp* definiert „wenn die Messergebnis-

303 Vgl. Hossiep/Mühlhaus, Personalauswahl und -entwicklung mit Persönlichkeitstests, a. a. O., S. 127.; vgl. Borkenau/Friedel/Wolfradt, Standardisierte Persönlichkeitsfragebögen, in: Persönlichkeitsdiagnostik, hrsg. v. Hornke/Amelang/Kersting, a. a. O., S. 38.

304 Der Barnum-Effekt beschreibt das Phänomen, dass Menschen im Regelfall gut formulierte und allgemeingültige Aussagen zur Person, als Selbstbeschreibung akzeptieren. Vgl. Roeckelein, Dictionary of Theories, Laws, and Concepts in Psychology, Westport 1998, S. 67.

305 Vgl. zur Kritik: Pelz, Reiss-Profile. Kritik der „Theorie" der 16 Lebensmotive, online im Internet unter: http://www.management-innovation.com/download/Reiss-Profil.pdf (Zugriff: 15.10.2020) u. Schwertfeger, Gesucht: Der perfekte Kollege – Unternehmen wollen ihre Mitarbeiter besser einschätzen können mithilfe fragwürdiger Persönlichkeitstests, online im Internet unter: http://www.zeit.de/2012/26/C-Berufe (Zugriff: 15.10.2020).

306 Die Reiss Profile Germany GmbH hat einen neutralen Diplom Psychologen (Testtheoretiker) gebeten, das RP zu prüfen (Information der Gesellschafter für lizensierte Master, online im passwortgeschützten Bereich). Die Ergebnisse sind der Stellungnahme zur Kritik am Reiss Profil von Boltersdorf/Delnoy/Staller online im Internet: http://docplayer.org/49070008-Stellungnahme-zur-kritik-am-reiss-profile-peter-boltersdorf-john-j-m-delnoy-thomas-staller-reiss-profile-germany-gmbh.html (Zugriff: 15.10.2020), zu entnehmen.

307 Vgl. Fisseni, Persönlichkeitspsychologie, a. a. O., S. 486.

se möglichst unabhängig vom Untersucher sind"[308] und demnach intersubjektive Einflüsse ausschließen.[309] Da der Fragebogen zum RP online ausgefüllt wird, ist die Durchführung frei von Einflüssen eines Untersuchers. Darüber hinaus erfolgt die mathematische Auswertung standardisiert und ist unbenommen von der Einflussnahme Dritter.[310]

Valide ist eine Messung, „wenn das gemessen wird, was gemessen werden sollte."[311] Validität beinhaltet die drei Facetten der Inhaltsvalidität, also repräsentieren die Items das Merkmal ausreichend,[312] der Kriteriumsvalidität und der Konstruktvalidität. Die Kriteriumsvalidität beantwortet die Frage, ob ein empirischer Zusammenhang zwischen den Testwerten und der Beschreibung der Merkmale (Kriterien) existiert. Die Konstruktvalidität ist gegeben, wenn die Antworten auf die Fragen im Test den Schluss auf die Merkmale zulassen, die erhoben werden.[313]

Das RP wurde mit Blick auf die faktorielle und die konvergente Validität[314] geprüft. Anhand mehrfacher empirischer Untersuchungen konnte der Nachweis der theoretisch vermuteten 16 Lebensmotive erbracht werden (faktorielle Validität). Die Skalen der Lebensmotive Macht, Ordnung und Ruhe wurden mit den Skalen der Merkmale Ordnung und Dominanz des Testsystems Personality Research Form sowie dem Angstsensitivitätsindex korreliert. Das Ergebnis zeigte moderate bis hohe Zusammenhänge (konvergente Validität). Zur Prüfung der Kriteriumsvalidität wurde auf den NEO-PI-R zurückgegriffen. Es zeigten sich statistisch signifikante Korrelationen, beispielsweise zwischen Neugier und

308 Ingenkamp/Lissmann, Lehrbuch der pädagogischen Diagnostik, 6., neu ausgest. Aufl., Weinheim 2008, S. 51.

309 Vgl. ebd., S. 52.

310 Vgl. Staller, Reiss Profile®. Die individuelle Persönlichkeit verstehen, in: Handbuch der Persönlichkeitsanalysen, a. a. O., S. 458.

311 Friedrichs, Methoden empirischer Sozialforschung, 14. Aufl., Obladen 1990, S. 100.

312 Vgl. Schax, Strategieorientierte Personalentwicklung in Genossenschaftsbanken. Eine empirische Untersuchung zur betrieblichen Weiterbildung, [Zugl.: Duisburg, Essen, Univ., Diss., 2007 u. d. T.: Betriebliche Weiterbildung als integraler Bestandteil einer strategieorientierten Personalentwicklung in Genossenschaftsbanken], Wiesbaden 2007, S. 141.

313 Vgl. Fisseni, Persönlichkeitspsychologie, a. a. O., S. 486.

314 Sowohl die faktorielle als auch die konvergente Validität werden der Konstruktvalidität zugerechnet (E. S.).

Offenheit für Erfahrung, Macht und Extraversion oder Beziehungen und Extraversion.[315]

Die Inhaltsvalidität wurde nicht explizit geprüft.[316] Vor dem Hintergrund der Konstruktion des RP wird sie als gegeben betrachtet: Es wurden nicht die Items *zu* Lebensmotiven formuliert; vielmehr wurden *aus* den 328 Items mittels mehrfacher Faktorenanalyse die Motive abgeleitet.[317]

Mit Reliabilität ist der Grad der Genauigkeit gemeint,

> „mit dem er ein bestimmtes Persönlichkeits- oder Verhaltensmerkmal misst, gleichgültig, ob er dieses Merkmal auch zu messen beansprucht (..).“[318]

Die Prüfung der 16 Skalen in drei Studien auf interne Konsistenz zeigt Werte für Cronbachs α zwischen .71 (Unabhängigkeit) und .96, wobei der Reliabilitätskoeffizient vorwiegend bei über .80 liegt. Die interne Konsistenz wird somit als gut bewertet. Die Retest-Reliabilität, durchgeführt im Abstand von zwei und von vier Wochen, zeigt Werte zwischen .80 und .96 sowie zwischen .69 und .88 auf. Die empirischen Befunde belegen eine hinreichende Messgenauigkeit der Skalen.[319]

---

315 Vgl. Staller, Reiss Profile®. Die individuelle Persönlichkeit verstehen, in: Handbuch der Persönlichkeitsanalysen, a. a. O., S. 459 f.; Boltersdorf/Staller, Das Reiss Profile. Ansatz und Wissenschaftlichkeit, Einsatz und Nutzen, online im Internet unter: http://www.motivationsberater-hannover.de/pdf/130927_Wissenschaftlichkeit_RP_aktualisiert.pdf, S. 7 f. (Zugriff: 15.10.2020). Vgl. ausführlich zur wissenschaftlichen Validierung der Lebensmotive einschließlich der Beschreibung des Forschungsdesigns sowie der Korrelationswerte und der Werte für Cronbachs Alpha für die Lebensmotive: Reiss, Das Reiss Profile, 2010, a. a. O., S. 45–53.

316 (Mündliche) Auskunft der Reiss Profile Germany am 17.06.2015.

317 Zur Konstruktion der Motivkategorien mittels mehrfacher Faktorenanalyse vgl. Reiss, Wer bin ich und was will ich wirklich, 2009, a. a. O., S. 47.

318 Lienert/Raatz, Testaufbau und Testanalyse, 6. Aufl., Weinheim 1998, S. 9. Eine abweichende Definition findet sich bei Atteslander. Vgl. Schax, Strategieorientierte Personalentwicklung in Genossenschaftsbanken, a. a. O., S. 142. Fisseni differenziert zwischen Genauigkeit des Instrumentes und der Bestimmung des Messfehlers. Vgl. Fisseni, Persönlichkeitspsychologie, a. a. O., S. 486.

319 Vgl. Boltersdorf/Staller, Das Reiss Profile. Ansatz und Wissenschaftlichkeit, Einsatz und Nutzen, a. a. O., S. 7 f. (Zugriff: 15.10.2020).

Zu den Grundlagen der Theorienbildung nach *Reiss* gehören empirisch belegte lernpsychologische Modelle. Konzeptionelle Überlegungen zur Motivationsforschung wurden auf den Überlegungen von *Murray* und *McDougall* getroffen.[320]

Trifft die Hypothese zu, dass das RP den Barnum-Effekt nutze, hieße das einerseits, dass die Beschreibung der Items unbestimmte Aussagen enthält, die auf jeden zutreffen können; andererseits würde dies bedeuten, dass die Charakteristik der Lebensmotive in hoher oder niedriger Ausprägung ebenfalls auf alle Menschen passt. Dies kann aus der Anwendung des Instrumentes nicht bestätigt werden. Beispielsweise ist die Aussage (Lebensmotiv Sport): „Sport treiben ist eines meiner Lebenselixiere", eindeutig und nicht vage. Der Beschreibung der Eigenwahrnehmung für das Lebensmotiv Status in hoher Ausprägung „Ich bin wichtig, prominent, bekannt, herausragend, prestigeliebend, privilegiert, ich will zeigen, was ich habe. Ich bin etwas Besonderes. Ich verdiene/es steht mir zu, ich bin anders (elitär), auffallend, ich verdiene Respekt, ich bin stolz. Ich kenne prominente Menschen, prominente Menschen kennen mich" stimmen Menschen mit niedriger oder auch neutraler Ausprägung nicht zu.[321]

IV. Lösungssuche

Im Erkennen der eigenen Lebensmotive, dem Verständnis für die Individualität jedes Einzelnen und dem Begreifen, dass die Fremdwahrnehmung bei gegenpolig ausgeprägten Bedürfnissen grundsätzlich mit ablehnenden Attributen respektive negativen Emotionen belegt ist, liegt ein erster Schritt in Richtung Konfliktlösung. Doch das Herausarbeiten der Tiefenstruktur des Konfliktes verfolgt keinen Selbstzweck. Entscheidend ist, dass die Erkenntnisse in eine Lösung auf Interessenebene münden und die Motive *generell,* aber auch *richtig* aufgegriffen werden. Die

320 Vgl. Boltersdorf/Delnoy/Staller, Stellungnahme zur Kritik am Reiss Profil, a. a. O., S. 4., (Zugriff: 15.10.2020). Zum Ursprung der Lebensmotive und Rückgriff auf McDougall und auf *James* vgl. Reiss, Wer bin ich und was will ich wirklich, a. a. O., 2009, S. 35–38.

321 Berufliche Praxis. Vgl. Boltersdorf/Delnoy/Staller, Stellungnahme zur Kritik am Reiss Profil, a. a. O., S. 11, (Zugriff: 15.10.2020).

Lösungssuche fokussiert auf die Zukunft und die Frage, was die Kontrahenten gemeinsam tun können, um den Konflikt dauerhaft zu überwinden.[322]

Aufgabe des Mediators ist es, mit den Mediandes Lösungswege zu entwerfen, um auch vielschichtige Probleme zu bewältigen. Dazu bedarf es Methoden, die von einer traditionellen Vorgehensweise, also dem Argumentieren und Diskutieren in Konflikten, abweichen. Beides fördert das Denken in Gegensätzen und mündet in der Regel darin, dass einer gewinnt (derjenige mit dem stärksten Argument oder Standpunkt) und einer verliert. Als ungeeignet für eine nachhaltige Konfliktlösung in der Mediation gilt ebenfalls ein ausgehandelter Kompromiss, da die Parteien sich in den vorgegebenen Grenzen bewegen.[323]

1. Win-Win-Modell

Das Ziel der Mediation ist das Erreichen einer Win-Win-Lösung. Das bedeutet, dass jeder Einzelne dann den größten Verhandlungserfolg hat, wenn die andere Partei ebenfalls vom Ergebnis profitiert. Das Gewinner-Gewinner-Modell steht für kooperatives Verhandeln, die auf der Annahme basiert, dass sich alles in der Welt wechselseitig bedingt.[324] Die Interdependenz im Win-Win-Modell setzt voraus, dass eine Seite bereit ist, etwas, was sie weniger schätzt, aufzugeben. Im Gegenzug erhält sie etwas, was einen Mehrwert beinhaltet. Insbesondere divergierende Werte, Bedürfnisse und Erwartungen bieten sich für Win-Win-Lösungen an, vorausgesetzt die Parteien verfügen über die Ressourcen, eigene Motive umzusetzen und die Bedürfnisse der anderen Partei im Handeln zu befriedigen.[325]

322 Vgl. Duve/Eidenmüller/Hacke, Mediation, a. a. O., S. 187.

323 Vgl. Besemer, Mediation, a. a. O., S. 38.

324 Vgl. Ponschab/Schweizer, Kooperation statt Konfrontation, a. a. O., 2010, S. 104 f.

325 Vgl. Breidenbach, Mediation, a. a. O., S. 72. Der Autor bezieht sich auf *Homans*, der als einer der ersten fortschriftlichen Wissenschaftlicher mit *Blau, Tribaut* und *Kelley* Anfang der 1960er-Jahre den Versuch unternahm, soziales Handeln respektive menschliches Verhalten auf der Basis von Austauschbeziehungen zu erklären. Vgl. Hatfield/Rapson, Equity Theory in Close Relationships, in: Van Lange/Kruglanski/Higgins, The Handbook of Theories of Social Psychology, London 2012, S. 205. Nach *Homans* können nicht nur materielle Güter getauscht

An dieser Stelle sei der häufig in der Literatur zitierte Konflikt der beiden Schwestern um Orangen als Beispiel für ein Gewinner-Gewinner-Modell genannt: Die Lösung des Streits um Orangen lag darin, dass eine Schwester lediglich den Saft, die andere ausschließlich die Schalen benötigte. Erst das Erkennen der abweichenden Interessen an der Frucht, brachte die Lösung, die für beide Beteiligten umsetzbar (sie verfügten über die Ressourcen) und mit einem Mehrwert (beiderseitige Bedürfnisbefriedigung) verbunden war.[326]

2. Techniken

Je mehr Optionen zur beiderseitigen Interessenbefriedigung generiert werden, umso größer sind die Wahlmöglichkeiten der Parteien, was im Mediationsprozess generell von Vorteil ist.[327] Zu den Techniken, die geeignet sind, Lösungsoptionen zu entwickeln gehören beispielsweise Brainstorming, reflektive und zirkuläre Fragen sowie das zukunftsorientierte Zusammenfassen.[328] Beim Einsatz von Fragen gilt grundsätzlich, dass den Mediandenden genügend Zeit gegeben wird, nachzudenken und diese zu beantworten. Für den Mediator ist es unter anderem wichtig, empathisch und genau zuzuhören, keine Fragenmixturen oder zwei Fragen auf einmal zu stellen und die Antworten der Parteien kommentarlos stehen zu lassen (schweigendes Zuhören). Darüber hinaus hat er sorgsam mit der Auswahl der Fragen umzugehen, da sowohl zirkuläre als auch reflektive Fragen das Risiko in sich tragen, starke Emotionen auszulösen. Zukunftsorientiertes Zusammenfassen, reflektive und zirkuläre Fragen

werden, sondern auch Gefühle. Besonderes Augenmerk liegt auf dem Austausch von Handlungen, die Anerkennung implizieren. Da soziale Anerkennung der individuellen Bewertung jedes Einzelnen unterliegt, lassen sich daraus divergierende Handlungsmöglichkeiten ableiten. Vgl. dazu ausführlich die Darstellung zum sozialen Handeln nach *Homans* in: Abels, Einführung in die Soziologie, Bd. 1, Der Blick auf die Gesellschaft, 4. Aufl., Wiesbaden 2009, S. 162–167. Zur sozialen Anerkennung vgl. ebd., S. 162.

326 Vgl. Breidenbach, Mediation, a. a. O., S. 72. Zum Orangen-Fall verweist er beispielhaft auf *Haft*. Siehe auch Duve/Eidenmuller/Hacke, Mediation, a. a. O., S. 167.; die Liste lässt sich beliebig fortsetzen.

327 Vgl. Schweizer, § 14 Techniken des Mediators, in: Handbuch der Mediation, hrsg. v. Haft/Schlieffen, a. a. O., S. 354.

328 Vgl. Diez, Werkstattbuch Mediation, a. a. O., S. 123.

haben ihren Ursprung in der systemischen Arbeit und gelten als ausgeprägte Interventionstechniken, um Veränderungen zu erreichen.[329]

a) Brainstorming

Brainstorming gehört zu einer kreativitätsfördernden Methode, die darauf abzielt, in kurzer Zeit eine Vielzahl von Ideen zu generieren. Die Qualität hat bei der Nennung der Optionen nicht die oberste Priorität. Der Phantasie sollen keine Grenzen gesetzt werden, es existiert kein *richtig* und kein *falsch*. Während des Brainstormings ist Kritik an den Vorschlägen – von welcher Seite auch immer – untersagt, denn dies verhindert kreatives Denken. Ideen dürfen aufgegriffen und weitergesponnen werden, bis das Optimum einer Option erreicht ist. Die Optionen können auf Karten (Metaplanwand) oder auf Flipchart für die Parteien visualisiert werden.[330]

b) Reflektive Fragen

Reflektive Fragen[331] können Veränderungsprozesse anstoßen und fördern dadurch die Autonomie der Beteiligten. Insbesondere durch den Fokus auf die Zukunft eröffnen Sie den Blick auf eine Neuorganisation.[332]

Beispielfragen:[333] „Stellen Sie sich vor, wir treffen uns in einem Jahr. Die Zusammenarbeit mit Ihrem Kollegen ist entspannt. An welchen Faktoren machen Sie das fest? Was ist ihr Beitrag dazu gewesen? Womit haben Sie beide begonnen?"

329 Vgl. ebd., S. 158–166.

330 Vgl. Ponschab/Schweizer, Die Streitzeit ist vorbei, a. a. O., 2004, S. 66 und Haders/Heilmann, Die Moderationsmethode – eine teilnehmerzentrierte Arbeits- und Lernform, in: Die Praxis der Weiterbildung, hrsg. von Döring/Ritter-Mamczek, 2., völlig überarb. Aufl., Weinheim 1998, S. 233 f.

331 *Schweizer* spricht in diesem Kontext von lösungsorientierten Fragen. Vgl. Schweizer, § 14 Techniken des Mediators, in: Handbuch der Mediation, hrsg. v. Haft/von Schlieffen, a. a. O., S. 345.

332 Vgl. Diez, Werkstattbuch Mediation, a. a. O., S. 164.

333 Beispielfragen auf der Basis von *Diez*, vgl. Dies., ebd., S. 163 und *Schweizer*, vgl. Ders., § 14 Techniken des Mediators, in: Handbuch der Mediation, hrsg. v. Haft/Schlieffen, a. a. O., S. 345.

c) Zirkuläre Fragen

Zirkuläre Fragen können nicht nur dazu beitragen, die Interessen in der Analysephase herauszuarbeiten, sondern unterstützen gleichermaßen die Entwicklung von Lösungsoptionen. Die Technik fördert das Erkennen von Wechselseitigkeit und Gemeinsamkeit. Sie wirkt oft befreiend, da sie Zusammenhänge und Muster offenlegt.[334] Zudem hat sie das Potenzial, das Gefühl der Gemeinsamkeit zu verstärken und befähigt die Teilnehmer, die Fremdwahrnehmung zu begreifen.[335]

Beispielfragen:[336] „Welche Ideen würde ihr Kollege aus ihrer Sicht am besten finden? Was meinen Sie? Was glauben Sie, wird ihr Kollege zu der Option sagen?"

d) Zukunftsorientiertes Zusammenfassen

Die Technik unterstützt die Medianden dabei, sich und die andere Partei zu verstehen. Darüber hinaus hilft sie dem Mediator die eigenen Hypothesen zu prüfen und (gegebenenfalls vorhandene) eigene Beurteilungsfehler zu erkennen. Damit ist nicht gemeint, dass die Aussagen der Parteien wiederholt werden. Die Kunst liegt darin, für jeden Konfliktpartner die Ausführungen in einer positiv formulierten Sprache zusammenzufassen, ohne dass eine Umdeutung dazu führt, dass die Medianden sich im Gesagten nicht wiederfinden. Um das abzusichern, hilft am Ende der Zusammenfassung eine klärende Frage wie: „Habe ich das einwandfrei wiedergegeben?"[337]

---

334 Vgl. Diez, Werkstattbuch Mediation, a. a. O., S. 162.

335 Vgl. Kindl-Beilfuß, Fragen können wie Küsse schmecken. Systemische Fragetechniken für Anfänger und Fortgeschrittene, 5. Aufl., Heidelberg 2014, S. 13.

336 Beispiele in Anlehnung an: Diez, Werkstattbuch Mediation, a. a. O., S. 162 und Duss-von Werdt, Mediation mit Paaren und Familien, T. 3: Praxis der vermittelnden Kommunikation, hrsg. von der FernUniversität in Hagen, Kursnummer: 71070/3 [Stand 2007], S.38.

337 Vgl. Diez, Werkstattbuch Mediation, a. a. O., S. 170 f.

3. Perspektivwechsel

Kennzeichnend für den gesamten Mediationsprozess ist das Anliegen, den Parteien einen Zugang zur Perspektive des Anderen zu ermöglichen. Dabei kommt es nicht nur auf ein kognitives Verstehen an – zentral ist das *emotionale* Verständnis füreinander.[338] In der Lösungsphase kommt dem Perspektivwechsel eine darüber hinaus gehende Bedeutung zu. Der Wechsel auf die verschiedenen Sichtweisen erfolgt aus vier Blickwinkeln[339] und soll sicherstellen, dass die Konfliktlösung nachhaltig ist.[340] Dies geschieht, nachdem die Optionen gesammelt, bewertet und ausgewählt wurden.[341] Als Lösungsraum gelten die Vereinbarungen, die beide Seiten besser als ohne Einigung[342] stellen oder wie *Lax* und *Sebenius* es bereits 1986 formulieren:

> „For each side, the basic test of any proposed joint agreement is whether it offers higher subjective worth than that side's best course of action absent agreement."[343]

Insbesondere im Kontext von Verhandlungen, die finanzielle Aspekte beinhalten, wird in der Literatur empfohlen, dass jede Partei ein persönliches Limit fixiert. Diese Grenze legt fest, welche Lösungsoptionen scheitern,[344] der Mediand aussteigt respektive welchem Vorschlag er nicht zustimmen kann („Best Alternative to a Negotiated Agreement – BATNA"[345]). Auch wenn es sich bei Beziehungskonflikten in Unternehmen oftmals nicht um Streitthemen handelt, die unmittelbar finanzielle Gesichtspunkte betreffen,[346] ist auch hier jeder Partei anzuraten, für sich eine Grenze der persönlichen Zumutbarkeit zu setzen. Das gilt trotz des Nachteils, dass die Wahlmöglichkeiten geringer werden und die kreati-

338 Vgl. Montada/Kals, Mediation, S. 234 f.
339 Vgl. nachfolgendes Kapitel E. IV. 3. a).
340 Vgl. Ponschab/Schweizer, Kooperation statt Konfrontation, a. a. O., 2010, S. 262.
341 Zur Sammlung, Bewertung und Auswahl von Lösungen vgl. beispielsweise Besemer, Mediation, a. a. O., S. 120.
342 Vgl. Breidenbach, Mediation, a. a. O., S. 73.
343 Lax/Sebenius, The Manager as Negotiator, Bargaining for Cooperation and Competitive Gain, New York 1986, S. 47.
344 Vgl. Breidenbach, Mediation, a. a. O., S. 73.
345 Fischer/Ury/Patton, Das Harvard-Konzept, a. a. O., S. 149.
346 Berufliche Praxis.

ve Lösungsfindung eingeschränkt wird. Divergierende Machtverhältnisse, bedingt durch hierarchische Strukturen[347] oder durch eine ausgeprägte rhetorische Kompetenz der einen Partei, sind Gründe, die für die Festlegung einer BATNA sprechen.[348]

a) Die vier Wahrnehmungsebenen

Nachhaltig sind Konfliktlösungen nach *Ponschab* und *Schweizer* wenn sie „wahrhaftig, gerecht, wahr und funktionell passend"[349] sind.[350] Die Autoren beziehen sich auf das Vier-Quadranten-Modell von *Wilber*[351], welcher davon ausgeht, dass sich das menschliche Bewusstsein zum einen in eine individuelle innere (ICH) und äußere Ebene (ES), zum anderen in eine kollektive innere (WIR) und äußere Ebene (ES im Plural) einteilen lässt.[352] Ohne, dass in der vorgelegten Untersuchung ausführlich auf die Frage, *was* Bewusstsein ist,[353] eingegangen werden kann, sei zumindest ausgeführt, dass Bewusstsein ein privates Phänomen ist und

347 Gemeint ist beispielsweise der Konflikt zwischen Führungskraft und Mitarbeiter.

348 Vgl. Fischer/Ury/Patton, Das Harvard-Konzept, a. a. O., S. 149–153. Zum Ausgleich vorhandener Machtungleichgewichte durch eine allparteiliche Teilnahme des Mediators siehe ausführlich Kapitel D. IV.

349 Ponschab/Schweizer, Kooperation statt Konfrontation, a. a. O., 2010, S. 262.

350 Besemer definiert, dass ein Verhandlungsergebnis *gut* ist, wenn sich die Lösung unter anderem als *stabil* erweist. Dabei stellt er nicht auf die Betrachtung aus verschiedenen Perspektiven ab, sondern hält eine positive Beziehungsebene für die beste Garantie der Stabilität. Vgl. Besemer, Mediation, a. a. O., S. 126 f.; *Mähler* und *Mähler* beziehen den Perspektivwechsel auf die Stufen, dass (1) Konflikte durch Macht, (2) durch Gesetz oder durch (3) Verhandlung gelöst werden können. Die vierte Wahrnehmungsstufe betrachtet den Gesamtprozess, beinhaltet somit die systemische Sicht. Vgl. Dies., § 19, Familienmediation, in: Handbuch der Mediation, hrsg. v. Haft/Schlieffen, a. a. O., S. 475. Begriffe, die synonym in der deutschen Sprache verwendet werden (wie stabil und nachhaltig) oder Überschriften, die semantisch gleich lauten, implizieren nicht automatisch identische Inhalte in der Mediation, wie die beiden Beispiele zeigen. Somit bringt jeder Autor – durch die Interpretation der Begrifflichkeiten – seine eigene Auslegung ein.

351 Vgl. Ponschab/Schweizer, Kooperation statt Konfrontation, a. a. O., 2010, S. 262.

352 Vgl. Wilber, Integrale Psychologie, Geist, Bewusstsein, Psychologie, Therapie, 5. Aufl., Freiamt 2005, S. 79 f.

353 Unter Forschern existiert Uneinigkeit bei der Beantwortung dieser Frage. Vgl. Damasio, Ich fühle, also bin ich. Die Entschlüsselung des Bewusstseins, 5. Aufl., Berlin 2004, S. 41. Ausführlich zur gestellten Frage siehe beispielsweise: ebd.;

in der ersten Ebene (ICH) als Geist bezeichnet wird. Geist und das Verhalten jedes einzelnen Individuums stehen in einer Wechselbeziehung zueinander aber auch zu anderen Personen. Jeder (gesunde) Mensch ist in der Lage, sich selbst, sein eigenes und das Verhalten der Anderen zu beobachten (Wechsel von der inneren zur äußeren Ebene) und kognitiv zu erfassen. Geist und Verhalten sind mit Organismen im Gehirn verknüpft. Emotionen lassen sich gleichermaßen nicht vom Bewusstsein trennen.[354] Wird das Modell auf die Bewertung von stabilen Lösungsoptionen übertragen, beantworten die Mediranden für jede Ebene eine Frage, um die Wahrhaftigkeit, Gerechtigkeit, Wahrheit und die funktionelle Passung der Lösung zu prüfen.

Die Abbildung 7 zeigt die Übertragung des Models auf die Bewertung von Optionen aus den vier Ebenen.

	Innere Sicht	Äußere Sicht
Individuell	Wie fühlt sich die Lösung für Sie an? Subjektive Bewertung der **Wahrhaftigkeit** 1. Position: ICH fühle, ich bin bei mir Ansprache: Gefühlsebene	Ist die Lösung von außen betrachtet für Sie beide (aus Ihrer Sicht) als diese zu erkennen? Ja, denn die Zusammenarbeit hat früher so funktioniert. Objektive Bewertung der **Wahrheit** 3. Position: Betrachte Euch und überlege (ES) Ansprache: kognitive Ebene
Kollektiv	Was meinen Sie, wie fühlt sich die Lösung für den Anderen an? Intersubjektive Bewertung der **Gerechtigkeit** 2. Position: Ich versuche mich in das einzufühlen, was der Andere fühlt (DU) Ansprache: Gefühlsebene	Passt die Lösung (aus Ihrer Sicht) in die gesamte Abteilung? Ja, denn sie bindet die anderen Kollegen ein. Interobjektive Bewertung der **funktionellen Passung** 4. Position: Betrachte Euch und die Abteilung und überlege (ES im Plural) Systemische Sicht Ansprache: kognitive Ebene

Abbildung 7: Bewertung von Lösungen aus Sicht der vier Perspektiven

Quelle: In Anlehnung an: Schweizer, § 14 Techniken des Mediators, in: Handbuch der Mediation, hrsg. v. Haft/Schlieffen, a. a. O., 2009, S. 359 f.; Wilber, Integrale Psychologie, a. a. O., S. 80.

Gazzaniga, Die Ich-Illusion, a. a. O.; Roth, Persönlichkeit, Entscheidung und Verhalten, a. a. O., 2011.

354 Vgl. Damasio, Ich fühle, also bin ich, a. a. O., S. 24–27.

Schaffen die Mediandenes, alle vier Wahrnehmungspositionen einzunehmen und die Optionen in diesem Sinne zu bewerten, auszuwählen und zu vereinbaren, ist der Weg für eine nachhaltige Konfliktlösung geebnet.[355]

b) Neurobiologische Einwertung

Anders ausgedrückt: Lösungen, die sowohl intuitiv (innere Ebene) als auch analytisch-kritisch (äußere Ebene) hinterfragt werden, sind der beste Garant für (aus Sicht der Mediandenen) *richtige* Bewertungen.[356] Gleichwohl hat der Mediator auch in dieser Phase das Dilemma zu berücksichtigen, dass Gefühle nie vollständig in Worte gefasst werden können.[357]

Der Fähigkeit, dass ein Mediand in die zweite Position (DU) gehen und sich in den anderen einfühlen kann, liegt die Erkenntnis der sozialpsychologischen Neurowissenschaft zugrunde, dass Menschen in der Lage sind zu begreifen, dass ihr Gegenüber divergierende Wünsche und Ziele hat und einzuschätzen wie sie aussehen („Theory of Mind"[358]).[359] Bereits in Kapitel E. III. 6. c). wurde erörtert, dass ein empathisches Einfühlen in die Emotionen des Anderen nur durch die Existenz von Spiegelsystemen im Gehirn möglich ist. [360] Spiegelneurone sind somit notwendig, um die zweite Position der Wahrnehmung einzunehmen. Diese Gabe bildet sich im Alter von zwei bis drei Jahren aus, *wenn* Kindern die Möglichkeit gegeben wird, Mitgefühl erfahrungsgeleitet (beispielsweise durch Rollenspiele) zu lernen.[361] Dadurch entwickeln sich hochkomplexe neuronale Verschaltungen, die Denken und Fühlen in Bahnen lenken. Handlungsleitend sind die inneren (erlernten) Muster, die im Zustand der Erregung abgerufen werden.[362] Der Abruf der inneren Bilder impliziert für den Mediator zwei Schwierigkeiten, die einen erfolgreichen Perspektivwechsel beeinträchtigen können:

---

355 Vgl. Ponschab/Schweizer, Kooperation statt Konfrontation, a. a. O., 2010, S. 264.
356 Vgl. Bauer, Warum ich fühle, was du fühlst, a. a. O., S. 34.
357 Vgl. Kapitel E. III. 5. a).
358 Diese Theorie geht auf David Premack (1978) zurück und wurde so von ihm benannt. Vgl. Gazzaniga, Die Ich-Illusion, a. a. O., S. 183.
359 Vgl. ebd.
360 Vgl. Bauer, Warum ich fühle, was du fühlst, a. a. O., S. 70.
361 Vgl. ebd.
362 Vgl. Hüther, Die Macht der inneren Bilder, a. a. O., S. 16.

1. Menschen halten zu rigide Vorstellungen vor, da sie häufig mit diesem Handlungsschema Erfolg erzielt (oder Enttäuschung erlebt) haben. Deshalb können sie sich nicht in die Welt des Gegenübers hineinversetzen, um deren Emotionen nachzuempfinden.[363]
2. Menschen haben den primären Erwerb von empathischen Fähigkeiten nicht gelernt oder die vorhandene Empathie wurde durch äußere Einflüsse (Gewalt, Gefühlslosigkeit im Umfeld) beschädigt.[364]

In diesen Fällen ist es Aufgabe des Mediators, die Parteien anzuleiten, die Fähigkeit, die verloren gegangen – oder nie erlernt wurde – (wieder) zu erlangen. Dazu bedarf es Situationen, die das Innere berühren – ohne dass Angst oder Panik aufkommen, da beides dazu führt, dass das Gehirn auf die archaischen Gewohnheiten im Konflikt (Angriff, Flucht oder Starre) zurückfällt.[365]

Mit Blick auf die Erkenntnis von *Roth* und *Strüber*, dass der Erfolg einer Psychotherapie vom Vertrauensverhältnis zwischen Arzt und Patient abhängt (von den Autoren als „therapeutische Allianz" bezeichnet),[366] ist zu konstatieren, dass dies gleichermaßen für die Mediation gilt. Es wird Mediatoren – wenn überhaupt – nur gelingen, Medianden erfolgreich zum Perspektivwechsel anzuleiten, wenn sie Vertrauen zum Mediator aufgebaut haben und wenn die Erwartung besteht, dass die Mediation gelingt. Das als „Placeboeffekt"[367] bekannte Phänomen lässt sich neurobiologisch mit der vermehrten Ausschüttung von Oxytocin und endogenen Opiaten erklären. Diese stärken die Selbstberuhigung und wirken positiv auf das Belohnungssystem.[368]

363 Vgl. ebd., S. 15; siehe dazu auch Bauer, Warum ich fühle, was du fühlst, a. a. O., S. 33. und Kapitel E. III. 4.

364 Vgl. Bauer, Warum ich fühle, was du fühlst, a. a. O., S. 71.

365 Vgl. Hüther, Neurobiologische Aspekte der Entstehung und Bearbeitung von Konflikten, in: Mediation und Konfliktmanagement, hrsg. von Trenczek/Berning/Lenz, a. a. O., S. 84 f.

366 Vgl. Roth/Strüber, wie das Gehirn die Seele macht, a. a. O., S. 376.

367 Patienten fühlen sich besser, wenn sie glauben ein Medikament eingenommen zu haben. Die Besserung durch die Einnahme von Zuckertabletten (Placebos) wird in der Medizin als Placebo bezeichnet. Vgl. Lipton, Intelligente Zellen. Wie Erfahrungen unsere Gene steuern, 3. erw. Aufl., Burgrain 2017, S. 164.

368 Vgl. Roth/Strüber, wie das Gehirn die Seele macht, a. a. O., S. 376.

Abschließend ist anzumerken, dass auch die äußere Ebene, das analytisch-prüfende Hinterfragen der Lösungen aus der dritten und vierten Position nicht vor Fehlinterpretation der Wahrnehmung gefeit ist.[369]

Trotz aller kritischen Anmerkungen vertritt die Autorin aufgrund der beruflichen Praxis die Ansicht, dass die Bewertung der Optionen aus den vier Perspektiven der beste Garant für eine nachhaltige Konfliktlösung ist.

4. Das Graves-Value-Modell

Im vorangegangenen Abschnitt wurde bereits deutlich, dass Menschen nicht immer in der Lage sind, Lösungen in der beschriebenen Form zu *bewerten*. Vor dem Hintergrund der Erkenntnis wird abschließend auf das Modell von *Graves*[370] eingegangen, da dies die Frage aufwirft, ob alle Menschen *mediationsfähig* sind. Kann es nicht vielmehr sein, dass es Personen gibt, die Konflikte nur über Macht oder/und Recht, aber nicht im Interessenausgleich lösen können?[371]

Das Graves-Value[372]-Modell wurde von *Beck* und *Cowan*[373] weiterentwickelt und beschreibt acht respektive neun Entwicklungsstufen[374] wie

369 Vgl. Bauer, Warum ich fühle, was du fühlst, a. a. O, S. 34.

370 *Graves* (1914–1986) war Professor für Psychologie am Union College in New York. Seine Gedanken wurden von *Beck* und *Cowan* weiterentwickelt und 1995 in dem Buch „Spiral Dynamics" veröffentlicht. Vgl. Schweizer, Mediation – Ein rechtsfreier Raum, in: Mediator – Mediation in Wissenschaft und Praxis, hrsg. v. Schlieffen/Kracht, Ausgabe 02/2015, 3. Jg. Hagen, S. 35.; Krumm, 9 Levels of Value Systems, a. a. O., S. 15.

371 Zur Lösung von Konflikt durch Interessen, Recht und Macht vgl. Ury/Brett/Goldberg, Konfliktmanagement. Wirksame Strategien für den sachgerechten Interessenausgleich, ungek. Taschenbuchausgabe, München 1996, S. 21–42.

372 Das englische Wort „value" wird im Deutschen mit Wert übersetzt.

373 Vgl. FN 370.

374 Das ursprüngliche Modell nach *Graves* beinhaltete acht Stufen, vgl. dazu die Veröffentlichung aus dem Jahre 1974: Graves, Human Nature Prepares for a Momentous Leap, in: The Futurist, April 1974, (Übersicht der Stufen auf S. 77), online im Internet: http://www.global-change-seminar.org/raps/Graves1974Article.pdf (Zugriff: 15.10.2020). *Beck* und *Cowan* haben das Wertesystem um eine neunte [W]Meme erweitert, da die Entwicklung des Bewusstseins im Kontext der historischen Entwicklung der Menschheit (vor 100 000 Jahren ging es lediglich um das Überleben, erste Ebene im Wertesystem) stehen. In unserer heutigen modernen Welt ist zwar der Überlebenswille nach wie vor vorhanden, die Be-

Menschen *denken* und *warum* sie sich *wie* verhalten.[375] Denkkategorien werden an Bewusstseinsstufen (auch als Level, Ebenen oder [W]Memen bezeichnet[376]) festgemacht, die sich in Abhängigkeit von Lebenssituationen verändern können.[377] Dabei ist das Wertesystem nach *Graves* so zu verstehen, dass eine Entwicklung in ein höheres Level untere Bewusstseinsgrade impliziert und nicht ersetzt.[378] Anhang VII auf S. 124 zeigt tabellarisch die Bewusstseinsebenen nach Graves und die Merkmale auf.

Aus der Darstellung lässt sich ableiten, dass empathisches Einfühlen (zweite Position) erst ab dem sechsten Level möglich ist. Systemisches Denkvermögen setzt mit dem siebten Level ein.

Den *Schätzungen* der Autoren[379] zufolge, befinden sich die meisten Menschen auf der vierten Bewusstseinsstufe (40 Prozent), gefolgt von

---

wusstseinsstufe bleibt Teil der höher entwickelten Ebene, gleichwohl verfügen wir über höher entwickelte Stufen, die der Komplexität der Umwelt gerecht werden. Vgl. Beck/Cowan, Spiral Dynamics. Leadership, Werte und Wandel. Eine Landkarte für Business und Gesellschaft im 21. Jahrhundert, 5. Aufl., Bielefeld 2014, S. 80 f.

375 Vgl. Bär-Sieber/Krumm/Wiehle, Unternehmen verstehen, gestalten, verändern, a. a. O., S. 25.

376 Nach *Beck* und *Cowan* bündeln [W]Meme Gedanken, Motive und Muster. Sie sind entscheidungsleitend. Vgl. Beck/Cowan, Spiral Dynamics, a. a. O., S. 64.; Krumm bezeichnet die Bewusstseinsstufen als *Level*. Vgl. Krumm, 9 Levels of Value Systems, a. a. O., S. 14.; *Ponschab* und *Schweizer* sprechen von Bewusstseinsebenen. Vgl. Dies., Kooperation statt Konfrontation, a. a. O., 2010, S. 227.

377 Während die Neurobiologie den Schluss zieht, dass die Persönlichkeit stabil ist und Veränderungen im emotionalen Bereich nur sehr eingeschränkt möglich sind, gehen *Beck* und *Cowan* davon aus, dass sich Menschen unter bestimmten Bedingungen entwickeln respektive verändern können. Zur Stabilität der Persönlichkeit vgl. Roth, Persönlichkeit, Entscheidung und Verhalten, a. a. O., 2011, S. 225. Siehe dazu auch: Ders., Fühlen, Denken, Handeln. Wie das Gehirn unser Verhalten steuert, neue vollst. überarb. Ausgabe, Frankfurt 2003, S. 552. Der Ansicht von *Roth* folgend, können ab dem späten Jugendalter nur noch starke emotionale Ereignisse zu Persönlichkeitsveränderungen führen. Ausführlich zu den Bedingungen für Veränderungen der [W]Meme vgl. Beck/Cowan, Spiral Dynamics, a. a. O., Kapitel 4, S. 112–163.

378 Vgl. Krumm, 9 Levels of Value Systems, a. a. O., S. 48 f.

379 Die Schätzung, dass lediglich 10 Prozent der Bevölkerung die sechste Stufe in sich tragen, überrascht. Vor dem Hintergrund der Erkenntnisse von *Premack* („Theory of Mind“) und der Einsicht, dass der Mensch sozial denkt und handelt, (vgl. Gazzaniga, Die Ich-Illusion, a. a. O., 2012, S. 183 f.) wird der Prozentsatz als sehr (zu) gering bewertet.

der fünften Stufe (mit 30 Prozent). Im sechsten Level befindet sich noch 10 Prozent, in der siebten Stufe liegt nur 1 Prozent der Bevölkerung.[380]

Wird den Angaben zur prozentualen Verteilung der Bewusstseinsebenen gefolgt, ist davon auszugehen, dass eine Reihe von Medianden nicht in der Lage ist, ohne Weiteres alle vier Wahrnehmungspositionen einzunehmen. In diesen Fällen hat der Mediator die Möglichkeit, die Parteien mit systemischen Fragen zum Denken anzuleiten.

Beispielfragen: „Was meinen Sie denkt ein Unbeteiligter, wenn er diese Lösung hört?" (3. Position.) „Was denken Sie, würde jemand sagen, der Ihre Option, Sie beide und die Abteilung von oben betrachtet?" (4. Position)

Ponschab und *Schweizer* kommen zu dem Schluss, dass Menschen, die sich in den Stufen eins bis drei befinden, Konflikte ausschließlich durch Macht lösen können. Halten sie ^{W}Meme im Wertebereich von drei bis fünf vor, kommen Konfliktlösungen (auch) durch Recht in Frage. Ab dem sechsten Level ist ein Interessenausgleich – und damit eine Mediation – möglich.[381]

V. Abschluss

Haben sich die Medianden auf Lösungen geeinigt, die Nachhaltigkeit versprechen, ist die Abschlussphase der Mediation erreicht. Im Fokus der letzten Stufe steht die schriftliche Fixierung der Ergebnisse, die beide Parteien unterzeichnen. Inhaltlich wird konkret dargelegt, wer hat was, wie und bis wann zu tun. Weiterhin ist es zielführend zu beschreiben, wie die Parteien mit eventuell auftretenden Problemen umgehen sowie zu welchem Zeitpunkt und in welcher Form eine Erfolgskontrolle stattfindet. Kern der Evaluation ist die Frage: Haben die Vereinbarungen den Konflikt faktisch gelöst?[382] *Hlawaty* und *Lukas* empfehlen die Evaluation nach acht Wochen sowie nach einem Jahr.[383]

380 Vgl. Beck/Cowan, Spiral Dynamics, a. a. O., S. 474 f.

381 Vgl. Ponschab/Schweizer, Kooperation statt Konfrontation, a. a. O., 2010, S 227–242.

382 Vgl. Besemer, Mediation, a. a. O., S. 128 f.

383 Vgl. Hlawaty/Lukas, Mediation bei Konflikten in der Arbeitswelt, a. a. O., S. 42.

F. Untersuchungsergebnisse und Handlungsempfehlungen

Die vorgelegte Untersuchung hat gezeigt, dass nachhaltige Konfliktlösungen auf der Interessenebene möglich sind, wenn

- es gelingt, die *wahren* Bedürfnisse herauszuarbeiten,
- die Medianden alle vier Perspektiven einnehmen können,
- die Streitparteien kognitiv und emotional zu einer Mediation in der Lage sind und
- der Mediator fachlich und persönlich die Anforderungen an einen Mediationsprozess erfüllt.

Darüber hinaus müssen die Beteiligten eine einvernehmliche Lösung anstreben und genügend Zeit haben, den Prozess bis zum Ende durchzuführen.[384] Die Methoden, um die *wahren* Bedürfnisse der Medianden zu erfahren, sind vielfältig. Als zentrale Intervention[385] in der Analysephase, aber auch im gesamten Mediationsprozess, gelten Fragen, die respektvoll, wertschätzend und empathisch sind.[386] Doppeln, GFK, das Stellen von Präzisionsfragen oder systemischen Fragen, um den Wechsel der Perspektive zu ermöglichen,[387] sind Methoden respektive Techniken, die letztlich dem Ziel dienen, nachhaltige und interessensbasierte Konfliktlösungen zu sichern. Sie so einzusetzen, dass eine Mediation das ge-

---

384 Vgl. Besemer, Mediation, a. a. O., S. 23.

385 Fragen, die in der Mediation gestellt werden, haben einen systemischen und konstruktivistischen Hintergrund. Daher gelten sie als Intervention. Vgl. Kindl-Beilfuß, Fragen können wie Küsse schmecken, a. a. O., S. 17.

386 Vgl. Kessen, Die Kunst des Fragens, in: Mediation und Konfliktmanagement, hrsg. v. Trenczek/Berning/Lenz, a. a. O., S. 343.

387 Vgl. ebd. S. 350.

wünschte Ergebnis bringt, bedingt nicht nur, dass die Medianden in der Lage sind, die Wirklichkeit des Anderen kognitiv und emotional zu erfassen, sondern auch, dass der Mediator über eine hohe soziale Kompetenz verfügen muss. Diese sieht *Goleman*[388] dann als gegeben an, wenn Menschen

- Gruppen anleiten und koordinieren können,
- eine natürliche Begabung haben, Konflikte zu lösen oder zu verhindern,
- talentiert sind, Beziehungen aufzunehmen und die Befähigung in sich tragen, empathisch zu sein und Emotionen in Gesichtern lesen können sowie
- sozialanalytisch die Gefühle und die inneren Anliegen der Anderen erkennen und begreifen können.[389]

Die Erkenntnis der Neurobiologie, dass die Persönlichkeit stabil ist[390] sowie Forschungen, die belegen, dass Persönlichkeitsmerkmale von genetischen Faktoren abhängen, die ihrerseits in Ausprägung und Entwicklung von der Umwelt beeinflusst werden,[391] implizieren, dass grundsätzlich nicht alle Menschen das Talent in sich tragen können, *gute* Mediatoren zu sein. Kognitiv mögen sie in der Lage sein, das Verfahren und die Methoden der Mediation zu erlernen;[392] ob sie sich aber empathisch einfühlen können, hängt von ihrer Amygdala (Mandelkern) und dem limbischen System, kurzum dem Sitz der Emotionen im Gehirn ab.[393]

388 *Golemann* bezieht sich auf *Hatch* und *Gardner* und deren Elemente der interpersonalen Intelligenz. Vgl. Goleman, Emotionale Intelligenz, ungekürzte Buchgemeinschafts-Lizenzausgabe, Rheda-Wiedenbrück, 1996, S. 153 f.

389 Vgl. Goleman, Emotionale Intelligenz, a. a. O., S. 153 f.

390 Vgl. [u. a.] Krohne/Tausch, Persönlichkeit und Emotionen. Individuelle Unterschiede im emotionalen Erleben und Verhalten, Stuttgart 2014, S. 7. Vgl. auch Blackburn/Epel, Die Entschlüsselung des Alters, a. a. O., S. 157 und die Ausführungen von Roth, beispielhaft: FN 377 auf S. 70.

391 Vgl. [u. a.] Ausführungen in Kapitel C. III.; siehe dazu auch Kapitel B. IV.: Sich wiederholende Lernerfahrungen führen zu neuronalen Verschaltungen, die sich im Laufe der Zeit verfestigen.

392 Der Verstand und die Intelligenz sind im dorsolateralen präfrontalen Cortex angesiedelt. Vgl. Roth, Persönlichkeit, Entscheidung und Verhalten, a. a. O., 2011, S. 138.

393 Zum Sitz der Emotionen vgl. ebd. S. 145.

Emotionen lassen sich weder planen noch kontrollieren.[394] Handlungen, die rational abgewogen („durchdacht") werden, erfahren vor der faktischen Ausführung eine Bewertung durch das limbische System, sodass sie ausgeführt oder verworfen werden.[395]

Gelingt die therapeutische Allianz, schaffen Mediatoren den Aufbau eines Vertrauensverhältnisses zu ihren Medianden, ist die Grundvoraussetzung für einen nachhaltigen Mediationserfolg gelegt.[396]

Die oben geschilderten Ausführungen belegen im Umkehrschluss, dass Mediation von Beziehungskonflikten an einer Reihe von Faktoren scheitern kann.

Darüber hinaus ist anzuführen, dass es eine Fülle von Menschen gibt, die *grundsätzlich* nicht in der Lage sind, Konflikte im Interessenausgleich zu lösen, wie im vorangegangenen Kapitel festgestellt.[397]

Mit Blick auf die Beantwortung der forschungsleitenden Fragen und die zu Beginn formulierten Hypothesen[398] ist festzustellen, dass beide Annahmen zutreffen.

Hypothese 1: Ursächlich für Beziehungskonflikte sind die divergierenden Interessen und Bedürfnisse. Die Entscheidung für oder gegen einen Arbeitsplatz hängt nicht maßgeblich davon ab, wie die Besetzung in einer Organisationseinheit ist oder welche Menschen dort arbeiten, sondern ist eine Entscheidung, die auf einer Vielzahl von Faktoren (beispielsweise Arbeitsaufgaben, Arbeitszeitmodellen, Karriereaussichten, Fortbildungsangeboten, Gehalt, Betriebsklima, Reputation) beruht.[399]

---

394 Vgl. Damasio, Ich fühle, also bin ich, a. a. O., S. 63.

395 Vgl. Roth, Persönlichkeit, Entscheidung und Verhalten, a. a. O., 2011, S. 178. Vgl. dazu die Ausführungen in Kapitel C. III.

396 Vgl. dazu die Ausführungen in Kapitel E. IV. 3. b.).

397 Siehe Angaben zur Ausprägung der Bewusstseinsstufen in der Bevölkerung und die Schlussfolgerungen.

398 *Hypothese 1:*
Konflikte auf der Beziehungsebene entstehen, weil Menschen in Unternehmen zusammenarbeiten (müssen), die keine oder wenig gemeinsame persönlichen Interessen verfolgen. Ihr Handeln wird von divergierenden Bedürfnissen angetrieben.
Hypothese 2:
Nicht alle Konflikte auf der Beziehungsebene lassen sich in einer Mediation lösen.

399 Berufliche Praxis.

Hypothese 2: Nicht alle Beziehungskonflikte lassen sich in einer Mediation lösen. Sind die Lebensmotive und in Folge dessen die Bedürfnisse zu unterschiedlich, kann es keine gemeinsame Lösung geben.[400] Zudem hängt der Erfolg einer Mediation – wie oben beschrieben – von vielen Faktoren ab.

Scheitert eine Mediation im betrieblichen Kontext aus den genannten Gründen, bleibt dem Unternehmen nur die Möglichkeit, die gemeinsamen Schnittstellen der Kontrahenten zu reduzieren und eine Zusammenarbeit zu vermeiden. Des Weiteren ist die Einleitung von arbeitsrechtlichen Maßnahmen (wie Versetzung oder einvernehmliche Trennung) zu überdenken.[401]

Die vorgelegte Untersuchung und die berufliche Praxis zeigen weiterhin, dass das Reiss Profile® eine hilfreiche Methode sein kann, die Interessen der Medianden aufzuzeigen. Wird der Persönlichkeitstest in der Mediation eingesetzt, erscheint es zielführend den Lebensmotiven, die nach *Schweizer* ein hohes Konfliktpotenzial in sich tragen, besondere Aufmerksamkeit zu schenken.[402] Zur Vorbereitung auf den Mediationsprozess kann der Mediator – mit Kenntnis der Lebensmotive und möglichen Treiber im Konflikt – Hypothesen bilden, die einzusetzenden Techniken darauf abstellen und mit den Annahmen im Prozess arbei-

400 Berufliche Praxis.

401 Divergieren die Bedürfnisse der Medianden zu stark, kann der Mediator auf das Veränderungsmodell von *Dilts/Bateson/Russel/et al.* zurückgreifen. Das heißt, dass er Fragen zur Mission des Unternehmens stellt, die die *gemeinsame* Zugehörigkeit und das Hinarbeiten auf übereinstimmende Ziele verdeutlicht. Demnach wird der Versuch unternommen, den Konflikt, der nicht auf der Interessenebene zu lösen ist, auf einer höheren Ebene zu klären. Vgl. ausführlich dazu: Schweizer/Ponschab: Wirtschaftsmediation. T. l 1_Satz_BG_150408 (1). Manuskript für die FernUniversität in Hagen. Zur Erläuterung der logischen Ebenen (auch Paternoster der Konfliktlösung nach Schweizer/Ponschab) siehe Ponschab/Schweizer, Kooperation statt Konfrontation, a. a. O., 2010, S. 28–31 und 236–238. Vgl. auch Anhang VIII auf S. 125 zur Verdeutlichung des Zusammenhangs. Übertragen auf das Graves-Value-Modell ist davon auszugehen, dass sich die Bewusstseinsstufen auf der Ebene „Zugehörigkeit" (höchste Stufe im Veränderungsmodell von *Dilts/Bateson/Russel/et al.*) finden; die Interessen liegen (zwei Ebenen tiefer) auf der Ebene der „Beliefs, Werte, Motive".

402 Siehe dazu Tabelle 4: Zuordnung Interessen und Lebensmotive auf S. 68.

ten.[403] Hypothesen, die auf dem Reiss Profile® beruhen, eignen sich insbesondere bei der Themensammlung und in der Analysephase. Zur Vorbereitung der Medianden auf das Verfahren, empfiehlt es sich, ein weiteres Gespräch (neben dem „klassischen" Auswertungsgespräch[404]) mit dem Medianden zu vereinbaren. Zu diesem Termin kann der Fremdwahrnehmung genügend Raum gegeben werden, was den Probanden im ersten Gespräch emotional überfordern würde. Im Vorgriff auf den Mediationsprozess haben die Parteien somit die Möglichkeit, das Gehörte *kognitiv* zu verarbeiten.

Mediatoren sind gesetzlich verpflichtet, für eine geeignete Aus- und Fortbildung zu sorgen.[405] Dies steigert ihre Professionalität ebenso wie die Dokumentation der durchgeführten Mediationen, die auf das berufliche Handeln fokussiert.[406] Seit am 21.08.2016 die „Zertifizierte Mediatoren-Ausbildungsverordnung" in Kraft gesetzt wurde, müssen zertifizierte Mediatoren 40 Fortbildungsstunden in einem Zeitraum von vier Jahren nachweisen.[407]

Darüber hinaus ist zu empfehlen, dass sie ihre Eigenwahrnehmung reflektieren. Nur auf der Basis der Selbstwahrnehmung und einer Offenheit, den eigenen Emotionen gegenüber, ist Empathie möglich.[408] Letztlich hat jeder Mediator eine Fremdwahrnehmung, die der eigenen kritischen Reflexion bedarf. Auch Fragen der persönlichen Denkkategorie, der Bewusstseinsstufe und des Kommunikationsverhaltens, sind aus Sicht der Verfasserin immer wieder auf den Prüfstand zu stellen.[409]

403 Zur Bildung von Hypothesen im Mediationsprozess vgl. Diez, Werkstattbuch Mediation, a. a. O., S. 91–95. Zur Eigen- und Fremdwahrnehmung vgl. Kapitel E. III. 6. c).

404 Vgl. Kapitel E. III. 6. a).

405 Vgl. Mediationsgesetz § 5 und § 6.

406 Vgl. Auferkorte-Michaelis, Die Technik der teilnehmenden Neutralität, a. a. O., S. 35.

407 Vgl. Bundesministerium der Justiz und für Verbraucherschutz: Verordnung für die zertifizierte Aus- und Fortbildung von Mediatoren (Zertifizierte Mediatoren-Ausbildungsverordnung – ZMediatAusbV), § 3 Abs. 1, online im Internet: https://www.gesetze-im-internet.de/zmediatausbv/BJNR199400016.html (Zugriff: 15.10.2020).

408 Vgl. Goleman, Emotionale Intelligenz, a. a. O., S. 127.

409 Die Reflexionsbögen, die beispielsweise dem Studienbrief von *Auferkorte* zu entnehmen sind, eignen sich sehr gut zur Erweiterung um diese Aspekte. Fragebo-

Der Wissenschaft ist zu empfehlen, die Überlegungen der Neurobiologie stärker in die Mediation einfließen zu lassen. Wenn der freie Wille eine Illusion ist,[410] wenn Handlungen zwar rational abgewogen, aber emotional entschieden werden, muss auch die Emotionalität des unparteilichen Dritten stärker in den Fokus gestellt werden. Wenn Menschen aufgrund wiederholter Lernerfahrungen zu rigiden Vorstellungen neigen, ihre inneren Bilder festgefahren sind, ist es Aufgabe der Mediatoren, die Medianden in einen Zustand zu bringen, der sie befähigt neu zu lernen. Wie dies in Methoden und Techniken in der Mediation – auf Basis der Neurobiologie – umgesetzt werden kann, ist ebenfalls Aufgabe der Wissenschaft.

gen zur Reflexion in: Auferkorte-Michaelis, Die Technik der teilnehmenden Neutralität, a. a. O., S. 68–88.

410 Siehe dazu ausführlich: Roth, Gerhard: Fühlen, Denken, Handeln, a. a. O., 2003, Kapitel 15, S. 494–535 und Gazzaniga, Die Ich-Illusion, a. a. O., Kapitel 4, S. 123–164.

Literaturverzeichnis

Abels, Heinz: Einführung in die Soziologie, Band 1: Der Blick auf die Gesellschaft, 4. Auflage, Wiesbaden 2009

Altemeyer, Susanne: Mediation im Unternehmen. Lösungen für betriebliche Konflikte, in: Haus der Technik, Fachbuch Band 91, hrsg. v. Brill, Ulrich, Renningen 2007

Auferkorte-Michaelis, Die Technik der teilnehmenden Neutralität, hrsg. v. d. FernUniversität in Hagen, Kursnummer: 71065 [Stand 2007]

Auferkorte-Michaelis, Nicole/Michalis, Lars: Kommunikation – Grundlage mediativer Verfahren, Teil 2, hrsg. v. d. FernUniversität in Hagen, Kursnummer: 71058/2 [Stand 2007]

Bär-Sieber, Martina/Krumm, Rainer/Wiehle, Hartmut: Unternehmen verstehen, gestalten, verändern. Das Graves-Value-System in der Praxis, 3., überarbeitete und erweiterte Auflage, Wiesbaden 2015

Ballreich, Rudi/Glasl, Friedrich: Konfliktmanagement und Mediation in Organisationen. Ein Lehr- und Übungsbuch mit Filmbeispielen auf DVD, Stuttgart 2011

Bandler, Richard/Grinder, John: Kommunikation und Veränderung. Die Struktur der Magie II, 9., neu übersetzte Auflage, Paderborn 2010

Bauer, Joachim: Warum ich fühle, was du fühlst. Intuitive Kommunikation und das Geheimnis der Spiegelneurone, 16. Auflage, Hamburg 2006

Beck, Don Edward/Cowan, Christopher: Spiral Dynamics. Leadership, Werte und Wandel. Eine Landkarte für Business und Gesellschaft im 21. Jahrhundert, 5. Auflage, Bielefeld 2014

Beck, Ulrich: Risikogesellschaft. Auf dem Weg in eine andere Moderne, Frankfurt 1986

Begley, Sharon: Neue Gedanken – neues Gehirn. Die Wissenschaft der Neuroplastizität beweist, wie unser Bewusstsein das Gehirn verändert, 2. Auflage, München 2007

Berkel, Karl: Konflikttraining. Konflikte verstehen, analysieren, bewältigen, 12., überarbeitete und erweiterte Auflage, Hamburg 2014

Berning, Detlev: Kosten nicht bearbeiteter Konflikte, in: Mediation und Konfliktmanagement, hrsg. von Trenczek, Thomas/Berning, Detlev/Lenz, Christina, Baden-Baden 2013, S. 216–226

Berning, Detlev: Konflikte kosten Unternehmen Geld – aber wieviel?, in: Sonderdruck Spektrum der Mediation zu Heft 23/2006

Besemer, Christoph: Mediation. Die Kunst der Vermittlung in Konflikten, hrsg. v. d. der Werkstatt für Gewaltfreie Aktion, Baden, Karlsruhe, 3. Auflage 2013

Blackburn, Elizabeth/Epel, Elissa Die Entschlüsselung des Alterns. Der Telomer-Effekt, 3. Auflage, Deutsche Erstausgabe, München 2017

Borkenau, Peter/Friedel, Anja/Wolfradt, Uwe: Standardisierte Persönlichkeitsfragebögen, in: Persönlichkeitsdiagnostik, hrsg. v. Hornke Lutz F./Amelang, Manfred/Kersting, Martin, in: Enzyklopädie der Psychologie, Themenbereich B, Methodologie und Methoden, Serie II, Psychologische Diagnostik, Göttingen 2011, S. 1–72

Boss, Dorothee/Budde, Andrea: Mediation von Konflikten um Sozialleistungen, hrsg. v. d. FernUniversität in Hagen, Kursnummer: 71075/2 [Stand 2011]

Brand, Markus/Ion, Frauke: Motivorientiertes Führen. Führen auf Basis der 16 Lebensmotive nach Steven Reiss, Offenbach 2009

Breidenbach, Stephan: Mediation. Struktur, Chancen und Risiken von Vermittlung im Konflikt, Köln 1995

Breidenbach, Stephan/Gläßer, Ulla: Die Selbstverantwortung der Konfliktparteien, hrsg. v. d. FernUniversität in Hagen, Kursnummer: 71055 [Stand 2007]

Brinkmann, Ralf, D.: Mobbing, Bullying, Bossing. Treibjagd am Arbeitsplatz, 3., aktualisierte und überarbeitete Auflage, Hamburg 2011

Brockner, Joel/Rubin, Jeffrey, Z.: Entrapment in Escalating Conflicts. A Social Psychological Analysis, New York 1985

Buber, Martin: Das dialogische Prinzip: Ich und Du. Zwiesprache. Die Frage an den Einzelnen. Elemente des Zwischenmenschlichen, 11. Auflage, Gütersloh 2009

Damasio, Antonio, R: Ich fühle, also bin ich. Die Entschlüsselung des Bewusstseins, 5. Auflage, Berlin 2004

Diez, Hannelore: Werkstattbuch Mediation, Köln 2005

Dilts, Robert B.: Die Magie der Sprache, 5. Auflage, Paderborn 2016

Dörrenbächer, Peter: § 15 Erfolgreiche Kommunikation, in: Handbuch der Mediation, hrsg. v. Haft, Fritjof/Schlieffen, Katharina Gräfin von, 2. Auflage, München 2009, S. 363–380

Doppler, Klaus: Systemisches Konfliktmanagement: Modelle und Methoden für Berater, Mediatoren und Führungskräfte, hrsg. v. Faller, Kurt/Fechler, Bernd/Kerntke, Wilfried, Stuttgart 2014 (Vorwort)

Duss-von Werdt, Joseph: Mediation mit Paaren und Familien, Teil 3: Praxis der vermittelnden Kommunikation, hrsg. von der FernUniversität in Hagen, Kursnummer: 71070/3 [Stand 2007]

Duve, Christian/Eidenmüller, Horst/Hacke, Andreas: Mediation in der Wirtschaft. Wege zum professionellen Konfliktmanagement, 2., neu bearbeitete Auflage, Köln 2011

Euteneier, Regina J./Scheelen, Frank M.: INSIGHTS MDI by Scheelen – Verhalten, Werte, Fertigkeiten, in: Simon (Hrsg.), Persönlichkeitsmodelle und Persönlichkeitstests. 15 Persönlichkeitsmodelle für Personalauswahl, Persönlichkeitsentwicklung, Training und Coaching, 2. Auflage, Offenbach 2010, S. 240–258

Faller, Dorothea/Faller, Kurt: Innerbetriebliche Wirtschaftsmediation. Strategien und Methoden für eine bessere Kommunikation. Praxishandbuch, Frankfurt am Main 2014

Feldmann, Jürgen: Formen der alternativen Konfliktbeilegung im Spektrum, hrsg. v. d. FernUniverstität in Hagen, Kursnummer: 71059/2 [Stand 2013]

Fischer, Roger/Ury, William/Patton, Bruce: Das Harvard-Konzept. Der Klassiker der Verhandlungstechnik, limitierte Sonderauflage, Frankfurt 2014

Fisseni, Hermann-Josef: Persönlichkeitspsychologie. Auf der Suche nach einer Wissenschaft. Ein Theorienüberblick, 4., überarbeitete und erweiterte Auflage, Göttingen 1998

Friedmann, Gary/Himmelstein, Jack: Konflikte fordern uns heraus: Mediation als Brücke zur Verständigung, Frankfurt am Main 2013

Friedrichs, Jürgen: Methoden empirischer Sozialforschung, 14. Auflage, Obladen 1990

Gazzaniga, Michael: Die Ich-Illusion. Wie Bewusstsein und freier Wille entstehen, München 2012

Gläßer, Ulla/Kirchhoff, Lars/Wendenburg, Felix: Konfliktmanagement in der Wirtschaft: Bestandsaufnahme und Entwicklungen, in: Konfliktmanagement in der Wirtschaft, hrsg. von Gläßer, Ulla/Kirchhoff, Lars/Wendenburg, Felix, Baden-Baden 2014, S. 13–37

Glasl, Friedrich: Erzählen im Kontext imaginativer, inspirativer und intuitiver Methoden der Konfliktbehandlung, in: Erzählen, was ich nicht weiß, hrsg. v. Koch, Gerd/Steinweg, Reiner, Strasburg 2005

Glasl, Friedrich: Konfliktmanagement. Ein Handbuch für Führungskräfte, Beraterinnen und Berater, 11., aktualisierte Auflage, Stuttgart 2013

Glasl, Friedrich: Eskalationsdynamik sozialer Konflikte, in: Mediation und Konfliktmanagement, hrsg. v. Trenczek, Thomas/Berning, Detlev/Lenz, Christina, Baden-Baden 2013, S. 67–78

Goleman, Daniel: Emotionale Intelligenz, ungekürzte Buchgemeinschafts-Lizenzausgabe, Rheda-Wiedenbrück, 1996

Groth, Klaus-Martin: Gibt es „gerichtsfeste“ Vertraulichkeit bei der Mediation, in: NJW 2001, Heft 5, S. 338–342

Haders, Peter-Ulrich/Heilmann, Jürgen: Die Moderationsmethode – eine teilnehmerzentrierte Arbeits- und Lernform, in: Die Praxis der Weiterbildung, hrsg. v. Döring, Klaus W./Ritter-Mamczek, Bettina, 2., völlig überarbeitete Auflage, Weinheim 1998, S. 192–241

Haft, Fritjof: § 4: Intuitive und rationale Verhandlung, in: Haft, Fritjof/Schlieffen, Katharina Gräfin von: Handbuch der Mediation, 2. Auflage, München 2009, S. 97–108

Hartmann, Christoph: § 44 Sicherung der Vertraulichkeit, in: Handbuch der Mediation, hrsg. v. Haft, Fritjof/Schlieffen, Katharina Gräfin von, 2. Auflage, München 2009, S. 1087–1117

Hatfield, Elaine/Rapson, Richard L.: Equity Theory in Close Relationships, in: Van Lange, Paul A. M./Kruglanski, Arie W./Higgins, E. Tory: The Handbook of Theories of Social Psychology, London 2012, S. 200–217

Heckhausen, Heinz: Entwicklungslinien der Motivationsforschung, in: Heckhausen, Jutta/Heckhausen, Heinz (Hrsg.), Motivation und Handeln, 4., überarbeitete und erweiterte Auflage, Berlin, Heidelberg 2010, S. 11–42

Hlawaty, Ann Christine/Lukas, Roland: Mediation bei Konflikten in der Arbeitswelt. Ein Praxisbericht, hrsg. v. d. FernUniversität Hagen, Kursnummer: 71075/1 [Stand 2013]

Holler, Ingrid: Gewaltfreie Kommunikation, in: Mediation und Konfliktmanagement, hrsg. von Trenczek, Thomas/Berning, Detlev/Lenz, Christina, Baden-Baden 2013, S. 355–360

Holondynski, Manfred: Entwicklung der Motive, in: Handbuch der Allgemeinen Psychologie – Motivation und Emotion, Band 11, hrsg. v. Brandstätter, Veronika/Otto, Jürgen H., Göttingen 2009, S. 272–283

Hossiep, Rüdiger/Mühlhaus, Oliver: Personalauswahl und -entwicklung mit Persönlichkeitstests, 2., vollständig überarbeitete und erweiterte Auflage, Göttingen 2015

Hüther, Gerald: Neurobiologische Aspekte der Entstehung und Bearbeitung von Konflikten, in: Mediation und Konfliktmanagement, hrsg. v. Trenczek Thomas/Berning, Detlev/Lenz, Christina, Baden-Baden 2013, S. 79–85

Hüther, Gerald: Was wir sind und was wir sein könnten. Ein neurobiologischer Mutmacher, 6. Auflage, Frankfurt am Main 2011.

Hüther, Gerald: Biologie der Angst. Wie aus Streß Gefühle werden, 12. Auflage, Göttingen 2014

Hüther, Gerald: Die Macht der inneren Bilder. Wie Visionen das Gehirn, den Menschen und die Welt verändern, Göttingen 2014

Ingenkamp, Karlheinz/Lissmann, Urban: Lehrbuch der pädagogischen Diagnostik, 6., neu ausgestattete Auflage, Weinheim 2008

Insam, Alexander/Seidel, Uwe M: Konfliktkosten-Controlling, in: Controller-Magazin, Heft: März/April 2010, S. 76–81

Jung, Carl, G., Typologie, hrsg. v. Jung, Lorenz, München 2014

Kals, Elisabeth/Ittner, Heidi: Wirtschaftsmediation, in: Praxis der Personalpsychologie, Human Resource Management kompakt, Band 17, Göttingen et al., 2008

Kessen, Stefan: Die Kunst des Fragens, in: Mediation und Konfliktmanagement, hrsg. von Trenczek, Thomas/Berning, Detlev/Lenz, Christina, Baden-Baden 2013, S. 343–354

Kieser, Alfred/Walgenbach, Peter: Organisation, 6., überarbeitete Auflage, Stuttgart 2010

Kindl-Beilfuß, Carmen: Fragen können wie Küsse schmecken. Systemische Fragetechniken für Anfänger und Fortgeschrittene, 5. Auflage, Heidelberg 2014

Klinger, Edgar/Bierbrauer, Günter: § 5 Sozialpsychologie des Verhandelns, in: Handbuch der Mediation, hrsg. v. Haft, Fritjof/Schlieffen, Katharina Gräfin von, 2. Auflage, München 2009, S. 109–135

Kracht, Stefan: Das Ethos des Mediators, hrsg. v. d. FernUniversität in Hagen, Kursnummer: 71053 [Stand 2013]

Krohne, Heinz Walter/Tausch, Anja, P.: Persönlichkeit und Emotionen. Individuelle Unterschiede im emotionalen Erleben und Verhalten, Stuttgart 2014

Krumm, Rainer: 9 Levels of Value Systems. Ein Entwicklungsmodell für die Persönlichkeitsentfaltung und die Evolution von Organisationen und Kulturen, 2. Auflage, Mittenaar-Bicken 2014

Langmaack, Barbara: Einführung in die themenzentrierte Interaktion. Das Leiten von Lern- und Arbeitsgruppen erklärt und praktisch angewandt, 5., vollständig überarbeitete Auflage, Weinheim, Basel 2011

Lax, David A./Sebenius, James K.: The Manager as Negotiator, Bargaining for Cooperation and Competitive Gain, New York 1986

Lenz, Christina: Visualisierung in: Mediation und Konfliktmanagement, hrsg. von Trenczek Thomas/Berning, Detlev/Lenz, Christina, Baden-Baden 2013, S. 393–404

Leymann, Heinz: Mobbing: Psychoterror am Arbeitsplatz und wie man sich dagegen wehren kann, 14. Auflage, Reinbek bei Hamburg 2009

Lienert, Gustav A./Raatz, Ulrich: Testaufbau und Testanalyse, 6. Auflage, Weinheim 1998

Lipton, Bruce H.: Intelligente Zellen. Wie Erfahrungen unsere Gene steuern, 3. erweiterte Auflage, Burgrain 2017.

Lundbeck, Christian: Mediation gegen Mobbing und Bossing, in: DGM-Newsletter 1/2010, S.10–14

Mähler, Gisela/Mähler, Hans-Georg: Mediation – eine interessengerechte Konfliktregelung, in: Mediation für Juristen, hrsg. v. Breidenbach, Stephan/Henssler, Martin, Köln 1997, S. 13–29

Mähler, Hans-Georg/Mähler, Gisela: § 19 Familienmediation, in: Handbuch Mediation, hrsg. v. Haft, Fritjof/Schlieffen, Katharina Gräfin von, 2. Auflage, München 2009, S. 457–494

Maslow, Abraham H.: Motivation und Persönlichkeit, 13. Auflage, Reinbeck bei Hamburg 2014

Mayer, Claude-Hélène: Trainingshandbuch interkulturelle Mediation und Konfliktlösung; didaktische Materialien zum Kompetenzerwerb, 2. Auflage, Münster 2008

Meffert, Heribert: Marketingforschung und Käuferverhalten, 2., vollständig überarbeitete und erweiterte Auflage, Wiesbaden 1992

Meschkutat, Bärbel/Stackelbeck, Martina/Langenhoff, Georg: Der Mobbing-Report. Eine Repräsentativstudie für die Bundesrepublik, hrsg. v. d. Bundesanstalt für Arbeitsschutz und Arbeitsmedizin, Dortmund/Berlin 2002

Meschkutat, Bärbel/Stackelbeck, Martina: Konfliktlösung am Arbeitsplatz. Analysen, Handlungsmöglichkeiten, Prävention bei Konflikten und Mobbing. Ein Handbuch für Führungskräfte, hrsg. v. Landesinstitut für Gesundheit und Arbeit des Landes Nordrhein-Westfalen, Düsseldorf 2010

Montada, Leo: Psychologie der Mediation, (Teil 1), hrsg. v. d. FernUniversität in Hagen, Kursnummer: 71056 [Stand 2012]

Montada, Leo/Kals, Elisabeth: Mediation. Psychologische Grundlagen und Perspektiven, 3., überarbeitete und aktualisierte Auflage, Weinheim 2013

Nerdinger, Friedemann W.: Organisationstheorien, in: Arbeits- und Organisationspsychologie hrsg. v. Nerdinger, Friedemann W./Blickle, Gerhard/Schaper, Niclas, 2., überarbeitete Auflage, Berlin, Heidelberg 2011

O'Connor, Joseph/Seymour, John: Neurolinguistisches Programmieren: Gelungene Kommunikation und persönliche Entfaltung, 20., aktualisierte und verbesserte Auflage, Kirchzarten bei Freiburg 2010

Oppitz, Stefan: Myers-Briggs-Typenindikator® (MBTI®). Selbst-Bewusstsein entfalten, in: Handbuch der Persönlichkeitsanalysen. Die führenden Tools im Überblick, hrsg. v. Brand, Markus/Ion, Frauke/Wittig, Sonja, Offenbach 2015, S. 327–355

Pásztor, Susann/Gens, Klaus-Dieter: Ich höre was, das du nicht sagst. Gewaltfreie Kommunikation in Beziehungen, 4. Auflage, Paderborn 2011

Pervin, Lawrence A./Cervone, Daniel/John, Oliver, P.: Persönlichkeitstheorien, 5., vollständig überarbeitete und erweiterte Auflage, München 2005

Ponschab, Reiner: 5. Teil Verhandlungsführung, Oder: Wie bekommt jeder, was er will, in Schlüsselqualifikationen. Kommunikation, Mediation, Rhetorik, Verhandlung, Vernehmung, hrsg. v. Ponschab, Reiner/Schweizer, Adrian, bearbeitet von Greiter, Ivo et al., Köln 2008, S. 147–180

Ponschab, Reiner/Schweizer, Adrian: Die Streitzeit ist vorbei. Wie Sie mit Wirtschaftsmediation schnell, effizient & kostengünstig Konflikte lösen, Paderborn 2004

Ponschab, Reiner/Schweizer, Adrian: Wirtschaftsmediation, Teil 1, hrsg. v. d. FernUniversität in Hagen, Kursnummer: 71074/1 [Stand 2006]

Ponschab, Reiner/Schweizer, Adrian: Wirtschaftsmediation, Teil 2, hrsg. v. d. FernUniversität in Hagen, Kursnummer: 71074/2 [Stand 2006]

Ponschab, Reiner/Schweizer, Adrian: Kooperation statt Konfrontation. Neue Wege anwaltlichen Verhandelns, 2. Auflage, Köln 2010

Ponschab, Reiner/Flechsig, Angelika/Schweizer, Adrian: Mediation und Litigation, hrsg. v. d. FernUniversität in Hagen, Kursnummer: 71051/2 [Stand 2011]

Prior, Christian: Mediation und Klärungshilfe, in: Mediation und Konfliktmanagement, hrsg. von Trenczek, Thomas/Berning, Detlev/Lenz, Christina, Baden-Baden 2013, S. 319–330

Proksch, Stephan: Konfliktmanagement im Unternehmen. Mediation und andere Methoden für Konflikt- und Kooperationsmanagement am Arbeitsplatz, 2., überarbeitete und erweiterte Auflage, Berlin, Heidelberg 2014

Reiss, Steven: Wer bin ich und was will ich wirklich? Mit dem Reiss Profile™ die 16 Lebensmotive erkennen und nutzen, München 2009

Reiss, Steven: Das Reiss Profile. Die 16 Lebensmotive. Welche Werte und Bedürfnisse unserem Verhalten zugrunde liegen, 2. Auflage, Offenbach 2010

Reiss, Steven, PH. D.: Das Reiss Motivation Profile®. Was motiviert uns, hrsg. v. Gianella, B., et al., Mittenaar-Bicken 2013

Reiss Profile Germany: Unveröffentlichte Schulungsunterlagen zur Eigen- und Fremdwahrnehmung [2013] und zu den Glaubenssätzen [o. Jahresangabe].

Roeckelein, Jon E.: Dictionary of Theories, Laws, and Concepts in Psychology, Westport 1998

Rogers, Carl, R.: Die klientenzentrierte Gesprächspsychotherapie, 17. Auflage, Frankfurt am Main 2005

Rohrschneider, Uta: Macht, Neugier, Team...: Mitarbeiter individuell führen mit dem Reiss-Motivationsprofil, Wiesbaden 2011.

Rosenberg, Marshall, B.: Gewaltfreie Kommunikation. Eine Sprache des Lebens, 11. Auflage, Paderborn 2013

Rosner, Siegfried/Winheller, Andreas: Mediation und Verhandlungsführung. Theorie und Praxis des wertschöpfenden Verhandelns – nicht nur in Konflikten, in: Systemische Organisationsberatung und Aktionsforschung, Schriftenreihe des Instituts für Aktionsforschung, Band 4, hrsg. v. Rosner, Siegfried, München und Mehring 2012

Roth, Gerhard: Fühlen, Denken, Handeln. Wie das Gehirn unser Verhalten steuert, neue vollständig überarbeitete Ausgabe, Frankfurt 2003

Roth, Gerhard: Persönlichkeit, Entscheidung und Verhalten. Warum es so schwierig ist, sich und andere zu ändern, 6. Auflage, Stuttgart 2011

Roth, Gerhard/Ryba, Alica: Coaching, Beratung und Gehirn. Neurobiologische Grundlagen wirksamer Veränderungskonzepte, 2. Auflage, Stuttgart 2016.

Roth, Gerhard/Strüber, Nicole: Wie das Gehirn die Seele macht, 5. Auflage, Stuttgart 2015.

Sauerland, Ute/Hehn, Marcus/Runkel-Hehn, Sabine: Risiken der Streitbeilegung: Jurisprudenz und Mediation im Vergleich, hrsg. v. d. FernUniversität in Hagen, Kursnummer: 71052 [Stand 2009]

Schax, Strategieorientierte Personalentwicklung in Genossenschaftsbanken. Eine empirische Untersuchung zur betrieblichen Weiterbildung, [Zugl.: Duisburg, Essen, Univ., Diss., 2007 unter dem Titel: Betriebliche Weiterbildung als integraler Bestandteil einer strategieorientierten Personalentwicklung in Genossenschaftsbanken], Wiesbaden 2007

Scheffer, David/Heckhausen, Heinz: Eigenschaftstheorien der Motivation in: Heckhausen, J./Heckhausen, H. (Hrsg.), Motivation und Handeln, 4., überarbeitete und erweiterte Auflage, Berlin, Heidelberg 2010, S. 43–59

Schlieffen, Katharina Gräfin von: Praktische Einführung in die Mediation, hrsg. v. d. FernUniversität in Hagen, Kursnummer: 71051/1 [Stand 2013]

Schmidt, Klaus: Perspektiven auf den Konflikt, hrsg. v. d. FernUniversität in Hagen, Kursnummer: 71067/2 [Stand 2013]

Scholz, Christian: Grundzüge des Personalmanagements, München 2011

Schulz von Thun, Miteinander reden: 3. Das „Innere Team" und situationsgerechte Kommunikation, 21. Auflage, Reinbek bei Hamburg 2013

Schwarz, Gerhard: Konfliktmanagement. Konflikte erkennen, analysieren, lösen, 9. Auflage, Wiesbaden 2014

Schweizer, Adrian: Konflikte und wie wir sie lösen, hrsg. v. d. FernUniversität in Hagen, Kursnummer: 71059/1 [Stand 2007]

Schweizer, Adrian: § 6 Kooperatives Verhalten – die Alternative zum (Rechts) Streit, in: Handbuch der Mediation, hrsg. v. Haft, Fritjof/Schlieffen, Katharina Gräfin von, 2. Auflage, München 2009, S. 137–160

Schweizer, Adrian: § 14 Techniken des Mediators, in: Handbuch der Mediation, hrsg. v. Haft/Schlieffen, Katharina Gräfin von, 2. Auflage, München 2009, S. 321–362

Schweizer, Adrian: Mediation – ein rechtsfreier Raum, in: Mediator – Mediation in Wissenschaft und Praxis, hrsg. v. Schlieffen, Katharina Gräfin von/Kracht, Stefan, Ausgabe 02/2015, 3. Jahrgang, Hagen, S. 34–36

Schweizer, Adrian/Ponschab, Reiner: Wirtschaftsmediation. Teil 1_Satz_BG_150408 (1). Manuskript für die FernUniversität in Hagen

Siegel, Daniel, The Mindful Brain – das achtsame Gehirn, in: Damit das Denken Sinn bekommt. Spiritualität, Vernunft und Selbsterkenntnis, hrsg. v. Hüther, Gerald/Roth, Wolfgang/von Brück, Michael, 6. Aufl., Freiburg im Breisgau 2013, S. 38–55.

Simon, Walter: Persönlichkeitstheoretische Grundmodelle, in: Persönlichkeitsmodelle und Persönlichkeitstests. 15 Persönlichkeitsmodelle für Personalauswahl, Persönlichkeitsentwicklung, Training und Coaching, hrsg. von Simon, Walter, 2. Auflage, Offenbach 2010, S. 18–34

Sperry, Roger: Naturwissenschaft und Wertentscheidung, München 1985

Staller, Thomas: Reiss Profile®. Die individuelle Persönlichkeit verstehen, in: Handbuch der Persönlichkeitsanalysen. Die führenden Tools im Überblick, hrsg. v. Brand, Markus/Ion, Frauke/Wittig, Sonja, Offenbach 2015, S. 453–472

Statistisches Jahrbuch. Deutschland und Internationales, 2014, hrsg. v. Statistischen Bundesamt Wiesbaden

Stilijanow, Ulrike: Führung und Gesundheit, in: Stressreport Deutschland. Psychische Anforderungen, Ressourcen und Befinden, hrsg. v. der Bundesanstalt für Arbeitsschutz und Medizin, Dortmund, Berlin, Dresden 2012, S. 123–128

Sutton, Robert, I.: Der Arschloch-Faktor. Vom geschickten Umgang mit Aufschneidern, Intriganten und Despoten im Unternehmen, 4. Auflage, München, Wien 2008

Thomann, Christoph/Prior, Christian unter Mitarbeit von Negele, Alexa: Klärungshilfe 3. Das Praxisbuch, 3. Auflage, Reinbek bei Hamburg 2013

Thomann, Christoph unter Mitarbeit von Stegemann, Wibke: Klärungshilfe 2. Konflikte im Beruf. Methoden und Modelle klärender Gespräche, 6. Auflage, Reinbek bei Hamburg 2014

Ury, William, L./Brett, Jeanne M./Goldberg, Stephen, B.: Konfliktmanagement. Wirksame Strategien für den sachgerechten Interessenausgleich, ungekürzte Taschenbuchausgabe, München 1996

Von Rosenstiel, Lutz/Molt, Walter/Rüttinger, Bruno: Organisationspsychologie, 9., vollständig erweiterte und überarbeitete Auflage, Stuttgart 2005

Walker, Wolfgang, Abenteuer Kommunikation, Bateson, Perls, Satir, Erickson und die Anfänge des Neurolinguistischen Programmierens (NLP), 6. Auflage, Stuttgart 2014.

Wilber, Ken: Integrale Psychologie. Geist, Bewusstsein, Psychologie, Therapie, 5. Auflage, Freiamt 2005

Webseitenverzeichnis

Aßländer, Michael, S. in: Aktuelle Analysen 40: Bedeutungswandel der Arbeit. Versuch einer historischen Rekonstruktion, hrsg. v. d. Hans-Seidel-Stiftung e. V., Akademie für Politik und Zeitgeschehen, München 2005.
https://www.hss.de/fileadmin/migration/downloads/aa40.pdf (Zugriff: 16.10.2020)

Boltersdorf, Peter/Staller, Thomas: Das Reiss Profile: Ansatz und Wissenschaftlichkeit, Einsatz und Nutzen.
http://www.motivationsberater-hannover.de/pdf/130927_Wissenschaftlichkeit_RP_aktualisiert.pdf (Zugriff: 05.10.2020)

Boltersdorf, Peter/Delnoy, John J. M./Staller, Thomas: Stellungnahme zur Kritik am Reiss Profile.
http://docplayer.org/49070008-Stellungnahme-zur-kritik-am-reiss-profile-peter-boltersdorf-john-j-m-delnoy-thomas-staller-reiss-profile-germany-gmbh.html (Zugriff: 15.10.2020)

Bundesministerium der Justiz und für Verbraucherschutz: Verordnung für die zertifizierte Aus- und Fortbildung von Mediatoren (Zertifizierte Mediatoren-Ausbildungsverordnung – ZMediatAusbV).
https://www.gesetze-im-internet.de/zmediatausbv/BJNR199400016.html (Zugriff: 15.10.2020)

Gesetz zur Förderung der Mediation und anderer außergerichtlicher Verfahren der Konfliktbeilegung [vom 21.07.2012], veröffentlicht im Bundesgesetzblatt, Jahrgang 2012, Teil 1, Nr. 35 ausgegeben zu Bonn am 25.07.2012).
https://www.bgbl.de/xaver/bgbl/start.xav?startbk=Bundesanzeiger_BGBl&start=//*%255B@attr_id=%27bgbl112s1577.pdf% (Zugriff: 16.10.2020)

Graves, Clare W.: Human Nature Prepares for a Momentous Leap, in: The Futurist, April 1974, S. 72–82.
http://www.global-change-seminar.org/raps/Graves1974Article.pdf (Zugriff: 15.10.2020)

Hayes, Jeff: Workplace Conflict and How Businesses Can Harness it to Thrive, in: CPP Global Human Capital Report, July 2008. https://www.cpp.com/pdfs/CPP_Global_Human_Capital_Report_Workplace_Conflict.pdf (Zugriff: 16.10.2020)

Insam, Alexander/Achterholt, Uwe/Reimann, Andreas: Konfliktkostenstudie. Die Kosten von Reibungsverlusten in Industrieunternehmen, hrsg. v. d. KPMG AG Wirtschaftsprüfungsgesellschaft 2009. https://kpmg-law.de/content/uploads/2018/07/2009_Konfliktkosten_Reibungsverluste_in_Unternehmen.pdf (Zugriff: 16.10.2020)

Insam, Alexander: Best practice. Konflikt(kosten)-Management 2012. Der wahre Wert der Mediation, hrsg. v. d. KPMG AG Wirtschaftsprüfungsgesellschaft 2012. http://dzkk.de/PDF/konfliktkosten-management2012.pdf (Zugriff: 16.10.2020)

Miller, George: The Magical Number Seven, Plus or Minus Two: Some Limits on our Capacity for Processing Information (1956). http://psychclassics.yorku.ca/Miller/(Zugriff: 16.10.2020)

O. V.: Konfliktkosten und Kostenfaktoren. http://www.betriebsrat.de/mobbing-konflikt/konfliktkosten-und-kostenfaktoren.html (Zugriff: 16.10.2020)

Pelz, Waldemar: Reiss-Profile. Kritik der „Theorie“ der 16 Lebensmotive. http://www.management-innovation.com/download/Reiss-Profil.pdf (Zugriff: 15.10.2020)

RMP germany GmbH (Zertifizierungen) https://www.rmp-germany.com/zertifizierungen/(Zugriff: 15.10.2020)

Schwertfeger, Bärbel: Gesucht: Der perfekte Kollege – Unternehmen wollen ihre Mitarbeiter besser einschätzen können mithilfe fragwürdiger Persönlichkeitstests. http://www.zeit.de/2012/26/C-Berufe (Zugriff: 15.10.2020)

Sturm, Robert: Ofen aus? In der Wirtschaft richtig eingreifen, in: Infoblatt Mediation, 16. Ausgabe, Sommer 2004, S. 15–19. https://robert-sturm.com/images/downloads/pdf/ofen_aus_robert_sturm_2004.pdf (Zugriff: 04.10.2020)

Weiterführende Literaturhinweise

Brand, Markus/Ion, Frauke/Wittig, Sonja (Hrsg.): Handbuch der Persönlichkeitsanalysen. Die führenden Tools im Überblick, Offenbach 2015

Bryson, Kelly: Sei nicht nett, sei echt! Ein Handbuch für Gewaltfreie Kommunikation, 3. Auflage, Paderborn 2012

Simon, Walter (Hrsg.): Persönlichkeitsmodelle und Persönlichkeitstests. 15 Persönlichkeitsmodelle für Personalauswahl, Persönlichkeitsentwicklung, Training und Coaching, 2. Auflage, Offenbach 2010

Szegedy-Maszak, Marianne: Mysteries of the Mind: Your unconscious is making your everyday decisions, U. S. News & World Report, 2005.

Anhang

Anhang I: Neun Stufen der Konflikteskalation nach Glasl

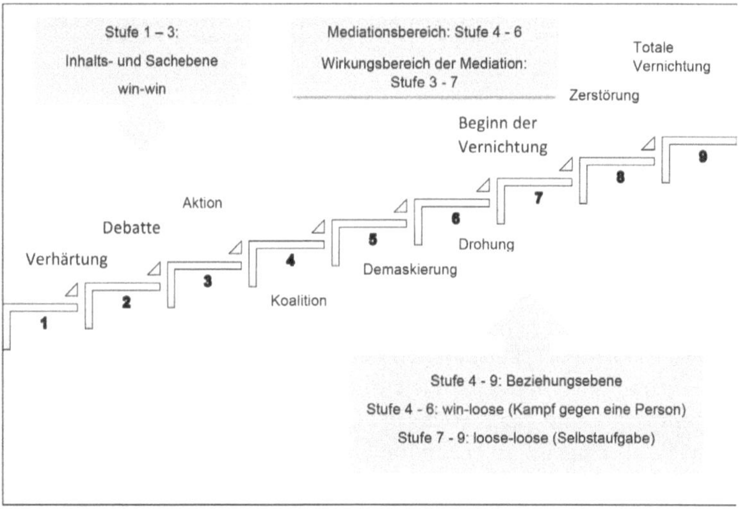

Quelle: Angelehnt an: Sturm: Ofen aus? In der Wirtschaft richtig eingreifen, in: Infoblatt Mediation, 16. Ausgabe, Sommer 2004, S. 16, online im Internet: https://robert-sturm.com/images/downloads/pdf/ofen_aus_robert_sturm_2004.pdf (Zugriff: 04.10.2020) und: Glasl, Konfliktmanagement, a.a.O., S. 238 f.

Anhang II: Mediationsgesetz (MediationsG)

„Mediationsgesetz vom 21. Juli 2012 (BGBl. I S. 1577)[411]"

§ 1 Begriffsbestimmungen

(1) Mediation ist ein vertrauliches und strukturiertes Verfahren, bei dem Parteien mithilfe eines oder mehrerer Mediatoren freiwillig und eigenverantwortlich eine einvernehmliche Beilegung ihres Konfliktes anstreben.

(2) Ein Mediator ist eine unabhängige und neutrale Person ohne Entscheidungsbefugnis, die die Parteien durch die Mediation führt.

§ 2 Verfahren; Aufgaben des Mediators

(1) Die Parteien wählen den Mediator aus.

(2) Der Mediator vergewissert sich, dass die Parteien die Grundsätze und den Ablauf des Mediationsverfahrens verstanden haben und freiwillig an der Mediation teilnehmen.

(3) Der Mediator ist allen Parteien gleichermaßen verpflichtet. Er fördert die Kommunikation der Parteien und gewährleistet, dass die Parteien in angemessener und fairer Weise in die Mediation eingebunden sind. Er kann im allseitigen Einverständnis getrennte Gespräche mit den Parteien führen.

(4) Dritte können nur mit Zustimmung aller Parteien in die Mediation einbezogen werden.

411 Gesetz zur Förderung der Mediation und anderer außergerichtlicher Verfahren der Konfliktbeilegung [vom 21.07.2012], veröffentlicht im Bundesgesetzblatt, Jahrgang 2012, Teil 1, Nr. 35 ausgegeben zu Bonn am 25.07.2012). https://www.bgbl.de/xaver/bgbl/start.xav?startbk=Bundesanzeiger_BGBl& start=//*%255B@attr_id=%27bgbl112s1577.pdf% (Zugriff: 16.10.2020)

(5) Die Parteien können die Mediation jederzeit beenden. Der Mediator kann die Mediation beenden, insbesondere wenn er der Auffassung ist, dass eine eigenverantwortliche Kommunikation oder eine Einigung der Parteien nicht zu erwarten ist.

(6) Der Mediator wirkt im Falle einer Einigung darauf hin, dass die Parteien die Vereinbarung in Kenntnis der Sachlage treffen und ihren Inhalt verstehen. Er hat die Parteien, die ohne fachliche Beratung an der Mediation teilnehmen, auf die Möglichkeit hinzuweisen, die Vereinbarung bei Bedarf durch externe Berater überprüfen zu lassen. Mit Zustimmung der Parteien kann die erzielte Einigung in einer Abschlussvereinbarung dokumentiert werden.

§ 3 Offenbarungspflichten; Tätigkeitsbeschränkungen

(1) Der Mediator hat den Parteien alle Umstände offenzulegen, die seine Unabhängigkeit und Neutralität beeinträchtigen können. Er darf bei Vorliegen solcher Umstände nur als Mediator tätig werden, wenn die Parteien dem ausdrücklich zustimmen.

(2) Als Mediator darf nicht tätig werden, wer vor der Mediation in derselben Sache für eine Partei tätig gewesen ist. Der Mediator darf auch nicht während oder nach der Mediation für eine Partei in derselben Sache tätig werden.

(3) Eine Person darf nicht als Mediator tätig werden, wenn eine mit ihr in derselben Berufsausübungs- oder Bürogemeinschaft verbundene andere Person vor der Mediation in derselben Sache für eine Partei tätig gewesen ist. Eine solche andere Person darf auch nicht während oder nach der Mediation für eine Partei in derselben Sache tätig werden.

(4) Die Beschränkungen des Absatzes 3 gelten nicht, wenn sich die betroffenen Parteien im Einzelfall nach umfassender Information damit einverstanden erklärt haben und Belange der Rechtspflege dem nicht entgegenstehen.

(5) Der Mediator ist verpflichtet, die Parteien auf deren Verlangen über seinen fachlichen Hintergrund, seine Ausbildung und seine Erfahrung auf dem Gebiet der Mediation zu informieren.

§ 4 Verschwiegenheitspflicht

Der Mediator und die in die Durchführung des Mediationsverfahrens eingebundenen Personen sind zur Verschwiegenheit verpflichtet, soweit gesetzlich nichts anderes geregelt ist. Diese Pflicht bezieht sich auf alles, was ihnen in Ausübung ihrer Tätigkeit bekannt geworden ist. Ungeachtet anderer gesetzlicher Regelungen über die Verschwiegenheitspflicht gilt sie nicht, soweit

1. die Offenlegung des Inhalts der im Mediationsverfahren erzielten Vereinbarung zur Umsetzung oder Vollstreckung dieser Vereinbarung erforderlich ist,
2. die Offenlegung aus vorrangigen Gründen der öffentlichen Ordnung (ordre public) geboten ist, insbesondere um eine Gefährdung des Wohles eines Kindes oder eine schwerwiegende Beeinträchtigung der physischen oder psychischen Integrität einer Person abzuwenden, oder
3. es sich um Tatsachen handelt, die offenkundig sind oder ihrer Bedeutung nach keiner Geheimhaltung bedürfen.

Der Mediator hat die Parteien über den Umfang seiner Verschwiegenheitspflicht zu informieren.

§ 5 Aus- und Fortbildung des Mediators; zertifizierter Mediator

(1) Der Mediator stellt in eigener Verantwortung durch eine geeignete Ausbildung und eine regelmäßige Fortbildung sicher, dass er über theoretische Kenntnisse sowie praktische Erfahrungen verfügt, um die Parteien in sachkundiger Weise durch die Mediation führen zu können. Eine geeignete Ausbildung soll insbesondere vermitteln:

1. Kenntnisse über Grundlagen der Mediation sowie deren Ablauf und Rahmenbedingungen,
2. Verhandlungs- und Kommunikationstechniken,

3. Konfliktkompetenz,
4. Kenntnisse über das Recht der Mediation sowie über die Rolle des Rechts in der Mediation sowie
5. praktische Übungen, Rollenspiele und Supervision.

(2) Als zertifizierter Mediator darf sich bezeichnen, wer eine Ausbildung zum Mediator abgeschlossen hat, die den Anforderungen der Rechtsverordnung nach § 6 entspricht.

(3) Der zertifizierte Mediator hat sich entsprechend den Anforderungen der Rechtsverordnung nach § 6 fortzubilden.

§ 6 Verordnungsermächtigung

Das Bundesministerium der Justiz wird ermächtigt, durch Rechtsverordnung ohne Zustimmung des Bundesrates nähere Bestimmungen über die Ausbildung zum zertifizierten Mediator und über die Fortbildung des zertifizierten Mediators sowie Anforderungen an Aus- und Fortbildungseinrichtungen zu erlassen. In der Rechtsverordnung nach Satz 1 können insbesondere festgelegt werden:

1. nähere Bestimmungen über die Inhalte der Ausbildung, wobei eine Ausbildung zum zertifizierten Mediator die in § 5 Absatz 1 Satz 2 aufgeführten Ausbildungsinhalte zu vermitteln hat, und über die erforderliche Praxiserfahrung;
2. nähere Bestimmungen über die Inhalte der Fortbildung;
3. Mindeststundenzahlen für die Aus- und Fortbildung;
4. zeitliche Abstände, in denen eine Fortbildung zu erfolgen hat;
5. Anforderungen an die in den Aus- und Fortbildungseinrichtungen eingesetzten Lehrkräfte;
6. Bestimmungen darüber, dass und in welcher Weise eine Aus- und Fortbildungseinrichtung die Teilnahme an einer Aus- und Fortbildungsveranstaltung zu zertifizieren hat;
7. Regelungen über den Abschluss der Ausbildung;

Übergangsbestimmungen für Personen, die bereits vor Inkrafttreten dieses Gesetzes als Mediatoren tätig sind.

§ 7 Wissenschaftliche Forschungsvorhaben; finanzielle Förderung der Mediation

(1) Bund und Länder können wissenschaftliche Forschungsvorhaben vereinbaren, um die Folgen einer finanziellen Förderung der Mediation für die Länder zu ermitteln.

(2) Die Förderung kann im Rahmen der Forschungsvorhaben auf Antrag einer rechtsuchenden Person bewilligt werden, wenn diese nach ihren persönlichen und wirtschaftlichen Verhältnissen die Kosten einer Mediation nicht, nur zum Teil oder nur in Raten aufbringen kann und die beabsichtigte Rechtsverfolgung oder Rechtsverteidigung nicht mutwillig erscheint. Über den Antrag entscheidet das für das Verfahren zuständige Gericht, sofern an diesem Gericht ein Forschungsvorhaben durchgeführt wird. Die Entscheidung ist unanfechtbar. Die Einzelheiten regeln die nach Absatz 1 zustande gekommenen Vereinbarungen zwischen Bund und Ländern.

(3) Die Bundesregierung unterrichtet den Deutschen Bundestag nach Abschluss der wissenschaftlichen Forschungsvorhaben über die gesammelten Erfahrungen und die gewonnenen Erkenntnisse.

§ 8 Evaluierung

(1) Die Bundesregierung berichtet dem Deutschen Bundestag bis zum 26. Juli 2017, auch unter Berücksichtigung der kostenrechtlichen Länderöffnungsklauseln, über die Auswirkungen dieses Gesetzes auf die Entwicklung der Mediation in Deutschland und über die Situation der Aus- und Fortbildung der Mediatoren. In dem Bericht ist insbesondere zu untersuchen und zu bewerten, ob aus Gründen der Qualitätssicherung und des Verbraucherschutzes weitere gesetzgeberische Maßnahmen auf dem Gebiet der Aus- und Fortbildung von Mediatoren notwendig sind.

(2) Sofern sich aus dem Bericht die Notwendigkeit gesetzgeberischer Maßnahmen ergibt, soll die Bundesregierung diese vorschlagen.

§ 9 Übergangsbestimmung

(1) Die Mediation in Zivilsachen durch einen nicht entscheidungsbefugten Richter während eines Gerichtsverfahrens, die vor dem 26. Juli 2012 an einem Gericht angeboten wird, kann unter Fortführung der bisher verwendeten Bezeichnung (gerichtlicher Mediator) bis zum 1. August 2013 weiterhin durchgeführt werden.

(2) Absatz 1 gilt entsprechend für die Mediation in der Verwaltungsgerichtsbarkeit, der Sozialgerichtsbarkeit, der Finanzgerichtsbarkeit und der Arbeitsgerichtsbarkeit.

Anhang III: Interviewleitfaden für Konflikte am Arbeitsplatz

Name:
Abteilung:
1. Seit wann sind Sie an Ihrem jetzigen Arbeitsplatz?
2. Wie sieht Ihr Tätigkeitsgebiet aus?
3. Bitte beschreiben Sie das Problem aus Ihrer persönlichen Sicht.
4. Seit wann empfinden Sie die beschriebene Situation als Konflikt?
5. Was war die Ursache für den Konflikt?
6. Welche Personen sind in dieser Sache beteiligt?
7. Was haben Sie bisher unternommen?
8. Was haben die anderen Beteiligten unternommen?
9. Welche Versuche der Konfliktklärung hat es bereits von Ihnen, von den anderen Konfliktbeteiligten und von Dritten gegeben?
10. Was würde passieren, wenn der Konflikt nicht gelöst wird?
11. Sind Sie bereit an der Mediation teilzunehmen?
12. Welche Fragen haben Sie?

Quelle: In Anlehnung an: Faller/Faller, Innerbetriebliche Wirtschaftsmediation, a. a. O., S. 71.

Anhang IV: Die 16 Lebensmotive nach Reiss (Original-Version)

Lebensmotiv	Gibt Auskunft darüber wie stark das Bedürfnis nach (...) ist
Macht	... Einflussnahme oder/und nach Übernahme von Leitungsverantwortung
Unabhängigkeit	... Autonomie
Neugier	... Wissen
Anerkennung	... positivem Selbstwert
Ordnung	... Struktur
Sparen	... Sammeln
Ehre	... (moralischen) Prinzipien zu handeln
Idealismus	... sozialer Gerechtigkeit
Beziehungen	... sozialen Kontakten (Freundschaften)
Familie	... Elternschaft und Familienleben mit Geschwistern
Status	... Respekt durch gesellschaftliche Stellung
Rache	... Vergeltung (und im Wettkampf zu gewinnen)
Eros	... Sexualität und Schönheit
Essen	... Nahrung
Körperliche Aktivität	... körperlicher Bewegung
Ruhe	... (emotionaler) Sicherheit

Quelle: Angelehnt an: Reiss: Das Reiss Motivation Profile®. Was motiviert uns, hrsg. v. Gianella, B., et al., Mittenaar-Bicken 2013, Übersicht: S. 27., ausführliche Beschreibung: Kapitel 6, S. 54–75.

Anhang V: Funktions- und Einstellungstypen nach Jung

	Einstellungstyp	
Funktionstyp	**Extraversion**	**Introversion**
Denken „[ist] die Funktion des intellektuellen Erkennens und der logischen Schlussbildung."[412]	- denkt analytisch - bewertet Aspekte sachlich - entscheidungsfreudig - systematische Zielverfolgung - eindeutige Vorstellung von Dingen, die zu tun sind - lenkt und organisiert seine Mitmenschen	- denkt logisch, objektiv, ohne Persönlichkeitsbezug, kritisch und tatsachenorientiert - Denkweise für andere oft nicht nachvollziehbar - nimmt keinen Einfluss auf Handlungen Außenstehender
Intuieren ist die unbewusste Wahrnehmung durch menschliche Sinne.[413]	- hat viele Ideen und Eingebungen, die konsequent geprüft und begeistert verfolgt werden - zielorientiert bei der Prüfung eigener Ideen, aber nicht umsetzungsorientiert - kann die Anderen für seine gut Gedanken mobilisieren	- ahnt ebenfalls Entwicklungen voraus - an komplexen Problemen interessiert - an Visionen und Möglichkeiten, die sich unbewusst ableiten lassen, orientiert - nicht umsetzungsorientiert

Quelle: Angelehnt an: Simon, Persönlichkeitstheoretische Grundmodelle, in: Persönlichkeitsmodelle und Persönlichkeitstests, a. a. O., S. 23–25.

412 Jung, C. G., Typologie, hrsg. v. Jung, L., München 2014, S. 139.
413 Vgl. Fisseni, Persönlichkeitspsychologie, a. a. O., S. 67.

Anhang VI: Das Reiss Profile® und der MBTI® im Vergleich

Merkmal	Reiss Profile®	MBTI®
Persönlichkeitsdimension	16 Lebensmotive	4 Dimensionen*
Kategorien	Bandbreiten** innerhalb der Lebensmotive möglich. Folge: Menschen können sowohl introvertiert als auch extravertiert sein.	Differenzierung nach Zuordnung zu den 4 Dimensionen als Entweder-Oder-Wertung
Bisheriger Einsatz	25 000 Mal	Mehr als 5 Millionen Mal

Quelle: Vgl. Reiss, Das Reiss Profile, a. a. O., 2010, S. 231f.

* Die vier Dimensionen werden als Gegensatzpaare erfasst. Es sind:

→ Extraversion – Introversion
→ Sensitives Empfinden – Intuition
→ (Thinking) Denken – Fühlen
→ (Judging) Urteilen – (Perceiving) Wahrnehmen.[414]

** Bandbreiten beim RP: +0,39 bis −0,39; +0,40 bis +0,79;
−0,40 bis −0,79; +0,80 bis +2,00;
−0,80 bis −2,00.[415]

414 Vgl. Oppitz, Myers-Briggs-Typenindikator® (MBTI®). Selbst-Bewusstsein entfalten, in: Handbuch der Persönlichkeitsanalysen. Die führenden Tools im Überblick, hrsg. v. Brand/Ion/Wittig, Offenbach 2015, S. 332–335.

415 Die Beschreibung der Bandbreiten ist in jedem schriftlichem Testergebnis enthalten. Berufliche Praxis.

Anhang VII: Die acht Bewusstseinsstufen nach Graves

Stufe/Farbe*/Epoche	Charakteristisch ist/sind .../Denkkategorie
1 Beige vor 100 000 Jahren	Es geht um das Überleben. Impulsive und instinktgeleitete Handlungen. Denken: **Automatisiert**.
2 Purpur (magisches WMem) vor 50 000 Jahren	Die Geister werden zufriedengestellt. Harmonie- und sicherheitsgeleitete Handlungen. Denken: **Animistisch**
3 Rot (impulsives WMem) vor 10 000 Jahren	Rücksichtslose Handlungen, um eine Welt voll von Räubern zu besiegen und zu bekämpfen. Denken: **Egozentrisch**
4 Blau (zielgerichtetes WMem) vor 5 000 Jahren	Dem Leben Richtung, Sinn und Zweck geben. Handlungen unterliegen moralischen und absoluten Glaubenssätzen. Denken: **Absolutistisch**
5 Orange (erfolgsorientiertes WMem) vor 650 Jahren	Eigeninteresse und persönlicher Gewinn stehen im Vordergrund. Handlungen sind auf Veränderungen ausgerichtet, die dem eigenen Erfolg dienen. Denken: **Vielgestaltig**
6 Grün (gemeinschaftsorientiertes WMem) vor 150 Jahren	Fürsorge, Harmonie und ein gemeinschaftliches Miteinander stehen im Vordergrund. Handlungen sind erstmals gefühlsgeleitet und konsensorientiert. Denken: **Relativistisch**
7 Gelb (integratives WMem) vor 60 Jahren	Bewusstes und verantwortungsvolles Leben stehen im Vordergrund. Handlungen sind lernorientiert, flexibel, spontan und funktional. Denken: **Systemisch**
8 Türkis (holistisches WMem) vor 40 Jahren	Verstand und Geist sind in eine dynamische Welt eingebunden, die über kollektive Vernunft verfügt. Handlungen sind durch Mitgefühl, intuitives Denken und durch Kooperation gekennzeichnet. Denken: **Holistisch**

Quelle: Angelehnt an: Beck/Cowan, Spiral Dynamics, a. a. O., S. 69–76.[416]

416 Die Tabelle enthält lediglich acht Stufen. Das neunte Level (Koralle) ist für die Autoren noch nicht eindeutig. Vgl. Beck/Cowan, Spiral Dynamics, a. a. O., S. 76. Die beiden Autoren haben jedem WMeme eine Farbe zugeordnet, um das System in der Darstellung zu vereinfachen und um eine Bewertung der Entwicklungsstufen (im Sinne von sieben ist besser als sechs) zu unterbinden. Vgl. Beck/Cowan, Spiral Dynamics, a. a. O., S. 106.

Anhang VIII: Die logischen Ebenen der Veränderung (nach: Dilts/Bateson/Russel/Whitehead)

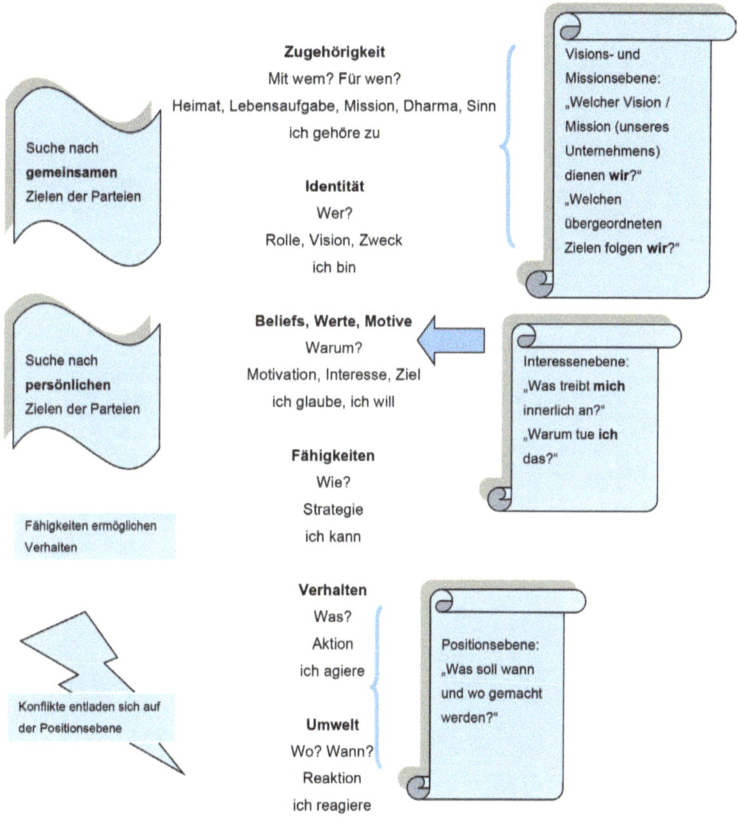

Quelle: Angelehnt an: Schweizer/Ponschab, Wirtschaftsmediation. Teil 1, Manuskript 2015, a. a. O., S.137–139 u. S. 161–164.

FSC
www.fsc.org
MIX
Papier | Fördert gute Waldnutzung
FSC® C083411

Kolibri 360 GmbH
Ferdinand-Jühlke-Straße 7
99095 Erfurt, Deutschland
produktsicherheit@kolibri360.de